멸치에게 길을 묻다

김재수 시집

문학공원 시선 159

몸이 잡이 털이 내음이 어울진 대변항
광장 중심에는 국경도 거침없는 삶의
은빛 기상을 엿보게 하는 멸치들의 조형
향기 뭉클한 설렘의 아름다움이며
하늘이 내린 구릿빛 이름이 아니던가

멸치에게
길을 묻다

김재수 시집

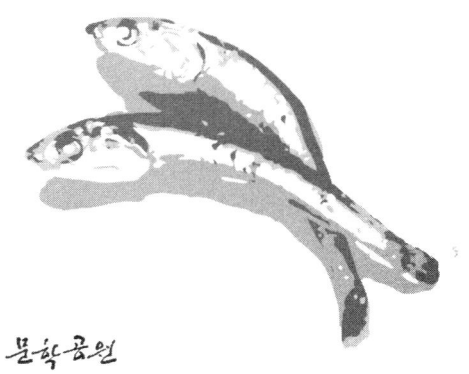

문학공원

서시

단풍잎이 허공을 향하여
떨고 있는 찰나의 노래는
향기를 흔들어 깨우고

자락自落의 동력을
지극히 높은 곳으로 사르며
영혼의 불길을 지피다

창으로 햇살을 끌어
진한 산고를 느낄 즈음
옥으로 다듬질할 지라

저물어가는 노을에
간절한 그리움 스러지면
황홀의 꿈으로 절규할 지라

싱싱한 색깔의 빛들이
상상의 나래 깃 펼치면
배설의 쾌감을 노래할 지라

자서自序

 순화되지 않은 말(言語)의 고삐를 다잡고 길을 나선다. 여명이 다소곳하게 한가로운 방랑의 길이라도 좋다. 경사가 겹겹이 굽이치며 돌아서난 목이 좁은 오솔길이면 어떠랴!
 어느 눈 내리는 날의 첫새벽을 여는 길이기에 여느 레드카펫이 여기에 견줄 이 있으랴. 때로는 거칠한 단어들이 거리를 떠돌며 물결을 어지러이 출렁인다면 가끔은 한 줄기 소낙비라도 내려주는 손길로 정제되어 잡힐 듯 말 듯 창공을 나풀거리는 단어들로 거듭나는 길이었으면 좋겠다.
 설익은 기질의 줄기를 흔들어서 오랜 세월 묵혀놓은 꿈을 깨워보려는 의지가 예순을 훌쩍 넘은 주제의 옹색한 변명일 런지도 모를 일이다.

 길 맥을 찾아서
 심지를 올곧게 세우고
 필이 닿는 대로
 심오한 방향을 탐지해나간다
 관절을 긁어모아 틀을 짜고
 골격을 세우고
 마디마디 에인 살 붙이고

낱낱이 얽어낸 피부 속 실핏줄 하나하나에도 호흡의 통로를 내고, 생김대로 다듬고 색깔대로 가꾸어 호흡을 불어넣어 이름을 붙이고, 세상 밖으로 물음표 하나를 던져본다.

　마려오는 생리를 다스리지 못하는 임계의 시간! 제어되지 않는 동력을 타고 어찌할 수 없는 배설의 쾌감! 시의 생명에는 오묘한 신비의 매력이 흐르고 있는 것 같다. 티라도 될까 드러낼 수 없는 매력을 좇아서 온 길 위의 자국을 돌아본다. 발길에 체이는 돌들과 길섶의 풀들이 눈동냥 귀동냥으로 주워 담은 이야기 한 땀 한 땀을 전해주던 고마움에 낙관의 문신을 새기고 싶다. 누군가의 볼에 용기 있는 처음의 키스를 퍼붓듯이……

己亥年 시월상달을 보내며

興野

■ 서문 ■

시라는 친구와 동행함이 실로 멋져 보여

전하라(시인·스토리문학 편집장)

　사람의 인연은 참으로 오묘하다. 그 어떤 계기가 되면 좋은 사람을 알게 되고 또 만나게 되어 이 지구에서 우주적 공감대를 가질 수 있게 된다. 내가 2012년에 5월부터 스토리문학에 출근하였을 때 많은 카친들이 신설동 사무실로 모여들었다.
　우주의 원심력을 통해서, 뉴턴의 만유인력처럼 자석을 향한 쇳조각처럼 많은 사람들이 몰려왔다. 그래서 나를 만나러 오고 인증샷을 찍고 가는 것이 하나의 붐처럼 일어났다. 그때 김윤득 시인과도 친한 카친이었다. 어느 날 김 시인이 부산에서 서울에 왔다는 연락이 왔다. 사무실에 들러 얼굴도 보고 인사를 나누고 싶다는 말에 흔쾌히 수락하고 김순진 발행인께도 부산에서 손님이 온다는 말을 전했다. 김윤득 시인이 다녀간 후에 김재수 시인과도 카친이 되어서 자주 카카오스토리에서 얼굴을 보게 되었다. 또 스토리문학이 천산병문학제에 참여하여 시화를 걸고 책을 만드는 작업을 하게 되었을 때 김재수 시인께도 참여를 요청하고 산청에서 볍자고 했다.

단풍이 절정이고 붉은 감이 만발한 날 산청으로 부산 기장의 김재수 시인. 김윤득 시인, 그리고 정종복 시인이 지리산 산청에서, 서울에서 내려가는 관광버스를 기다리고 있었다. 차에서 내리니 앞에서 두 분은 관광차를 기다리고 있었고 김재수 시인은 조금 더 먼 곳에서 조용하게 엷은 미소를 띠며 기다리고 있었다. 시인의 온화하고 편안한 미소를 보면서 짧지만 그런 생각을 하게 되었다. 어쩜 이리도 선하게 생기셨을까 라는 생각을……

 그 후로 시인과 자주 문자로 안부를 전하고 키우던 애완 펫 구찌에 대한 이야기도 나누면서 문인으로서 우정을 이어가게 된 지 7년이 되어가는 즈음 그게 지난달이다. 시집을 내시겠다고 연락이 왔다. 더군다나 아직 부족한 내게, 선뜻 시집 서문을 써달라는 말씀에 고마움을 전하고 싶다. 살면서 많은 만남이 있으셨고 있겠지만 소중한 인연을 이어갈 수 있게 기꺼이 서문을 써 달라고 하니 부족하지만 써보겠다고 대답을 했다.

 김 시인께 서문을 쓰기 전에 다시 한 번 톡으로 여러 가지를 물어봤다. 시가 그동안 많이 향상되고 좋아져서 요즘 누구에게 시를 배우고 있냐는 말에 혼자 쓰고 있다고 한다. 시를 쓰고 배우는 사람들이 그리 많지만 시가 향상되기 쉽지 않은데 김재수 시인은 부산 기장에서 자연과 어울림을 나누며 시어에서 감성적 풍요와 삶의 이치를 깨달아가는 중인가 보다. 또한 매일 주님께 감사하는 마음으로 사는 그의 믿음에 힐링표를 하나 꽂아주고 싶다.

이번 그의 첫 시집을 보니 좋고 다양한 시가 많지만 현대시를 배우고 사랑하는 내게는 그의 시 「지구별 정거장에서」라는 시가 유독 마음에 다가왔다.

> 하늘과 땅과 보이는 것들만이 전부였던 시절로
> 발길을 거슬러 봅니다
>
> 아직은 다리에 힘이 들지 않아서
> 흔들리고 넘어질 때 까지만 해도
> 주름 하나 없는 마음 창으로
> 자연을 보고 세상을 보지 못하는
> 이목을 가진 적이 있었지요
> 창문 너머로 요원하지도 않는
> 어스름 별빛의 또 다른 꿈을 봅니다
> 이마에 정거장이 들어와 박히고
> 떨어진 별에 낭만이 낭자했습니다
>
> 할 일 없이 하루해가 짧은 사람도
> 바쁜 일상이 지겨운 인생도
> 다시 노을이 깔리고 어둠이 밀려오면
> 가장 오묘한 출혈을 남긴 체
> 어느 별 역을 스치는 여행을 하리라
>
> 보이는 것만이 전부였던 그 시절처럼
> 어디쯤에 아침이 오는 것을 알 수 없으나
> 개똥철학의 아름다운 순수를 믿습니다
>   - 「지구별 정거장에서」 전문

태초에 천지를 창조하시고 마지막 날에 하나님의 형상을 닮은 사람을 만드신 창조주가 있어서 수억 년이

지났다. 기나긴 세월이 흐른 지금, 이 지구라는 별에 상륙해서 사계절이라는 반복과 순환을 통한 부조리극의 일부처럼 우리는 살아왔다. 사무엘 베게트의 「고도를 기다리며」에서 블라디미르 에스트라공이 매일 고도를 기다리지만 고도는 오지 않고 반복되는 일상의 사이클에 젖어 있음을 보게 된다. "아직은 다리에 힘이 들지 않아서 / 흔들리고 넘어질 때까지만 해도 / 주름 하나 없는 마음 창으로 / 자연을 보고 세상을 보지 못하는" 우리가 아이였을 때도 어른이 되어서도 힘겨운 일들이 반복되지만 그것을 견디며 배워가게 된다. 모 시인은 우리가 늙어가는 게 아니라 성장한다는 말을 강의 중에 말을 하였다. 늙는다는 정의에 사로잡히면 매사에 힘이 풀리고 기력이 쇠해져 삶과 일에 적극적이지 못하고 체념에 가까워지기 때문에 나는 '너는 이것밖에 못해, 너는 할 수 없다'라는 말을 싫어한다. 사람의 가치는 그 언제 화산처럼 폭발할지 모르기 때문이다. 그 흘러내린 마그마가 지금의 김재수 시인과 같다. 평범했던 사람이 시에 대한 사랑으로 시를 사모하게 되면서 시어를 더듬는 인생이 되었다.

또 김재수 시인은 일상의 반복 속에서도 "이마에 정거장이 들어와 박히고 / 떨어진 별에 낭만이 낭자했습니다"라고 표현하듯이 작가의 내외 면에서 순수함을 즐겨 누리는 기장의 철학자라고 여긴다.

우리가 살아가면서 과연 얼마나 순수할 수 있을까 생각해본다. 본인의 의지와 달리 매번 치이다 보면 순수는 수술대 위에서 쪼개고 째고 꿰매듯 이미 그 본질을 잊게 되는 데 시인은 처음 만난 2012년이나 지금이나 그 편안함과 순수함이 똑같은 거울과 같다.

>시골읍내 장터에는 닷새마다 장이 서는데
>장터 가는 십리 길은 가도 가도 십리길
>오일장은 얼버무려 예사로 모레장날이다
>
>안 되는 일도 없을 것 같으면서
>뒤돌아보면 되는 일도 잘 없는 것 같으니
>모레장날은 여운이 기다려지는 장이다
>
>아무리 급한 사정도 자세히 챙겨보면
>때로는 전해오는 부도수표 같은 것이어서
>이래저래 모레 장은 핑계장날이다
>
>고개 너머 사돈네 팔촌 친구까지 왁자지껄
>한마당 정겨움을 펼치는 시골 사방십리 길은
>닷새마다 전통이 서는 숨결의 장이다
>
>안부기별도 팔고 막걸리 파전도 있어서
>해거름 파장에는 인정이 넘쳐나는
>교류의 마당이고 미풍양속의 장터다
>
>낯설은 얼굴들이 넘치는 백화점
>멋쩍은 쇼핑에 싱거운 외식을 걸치고
>잃어버린 시간을 주섬주섬 추스르며
>어스름 달빛 드리운 앞마당에 들어서니
>꼬리 잘린 멍멍이가 외로움에 반색이다
>　　　　　　　　　　　－「모레 장의 추억」 전문

어느 지역이나 "시골읍내 장터에는 닷새마다 장이 서는데 / 장터 가는 십리 길은 가도 가도 십리길" 이 부분은 아마도 어릴 적 부모님과 시골 오일장에 가는 것 같다. 나도 고향이 시골이다 보니 엄마가 장터에 가자고 하면 엄마는 머리에 쌀, 콩을 이고 가서 장에 가서 팔고 생선이나 고기를 사가지고 온 날은 밥상이 풍성해져서 좋았다. 얼마 전에 가산 이효석의 「메밀꽃 필무렵」의 고장인 봉평에 다녀왔다. 어릴 때 내가 보던 장터나 김재수 시인이 바라본 시골 풍경이 거의 비슷할 것 같다.

"고개 너머 사돈네 팔촌 친구까지 왁자지껄 / 한마당 정겨움을 펼치는 시골 사방십리 길은 / 닷새마다 전통이 서는 숨결의 장이다" 예전에 이렇게 왁자지껄하던 장이 지금은 거의 없어지거나 많지 않다는 것이다. 있어도 예전의 정겨움보다는 이제는 판매 위주가 되어서 달라진 오일장 풍경이다. 그래서 작가도 시장에 갔을 때 같은 마음이라는 생각이 든다.

나이가 들면 추억을 먹고 산다고 하는 말이 있지만 김 시인은 추억을 넘어 시라는 친구를 만들어 동행함이 실로 멋지다. 인생의 주름이 나이테처럼 생겨가듯 시인으로서 성장하는 시인의 모습이길 기대해본다. 이제 남편, 아버지, 할아버지가 아닌 당당한 김재수 시인이라는 타이틀로 대대손손 빛이 나길 희망하며 서문을 접는다.

차 례

　　서시 ……… 5
　　자서 ……… 6

서문

　　시라는 친구와 동행함이 멋져 보여 ……… 8
　　- 전하라 시인

1부. 거울의 이면

　　새벽 저잣거리 어물전에서 ……… 20
　　거울의 이면 ……… 22
　　세상이 있는 까닭 ……… 24
　　지구별 정거장에서 ……… 25
　　토討와 패霸 ……… 26
　　휴일 아침의 내곡천 ……… 28
　　멸치에게 길을 묻다 ……… 30
　　미세먼지 공해 ……… 32
　　석류에게 배우다 ……… 33
　　자화공상自畵空想 ……… 34
　　모레장의 추억 ……… 36
　　늙은 부부의 방정식 ……… 38
　　조국의 완연한 봄을 기다리며 ……… 40
　　치과에서 문득 ……… 42
　　깨진 트로피 ……… 43
　　3.1節 100週年에 加하다 ……… 44
　　위기와 슬기 ……… 46
　　통일로 가는 길목 ……… 48

2부. 시학개론詩學槪論

시의 꿈 50
시의 샘에 대하여 51
시의 특권 52
물음표에 답하다 53
나이에 대하여 54
세대차이 55
시학개론詩學槪論 56
로고에 새긴 사랑 57
시인의 향기 · 1 58
시인의 향기 · 2 59
풍류를 엮다 60
이글거리는 진실 61
청춘에 대하여 62
돌고 도는 인생여로 64
꿈으로 그린 수채화 65
바다의 마음 66
새벽을 쓰다 67
섭리攝理 68
봄을 기다리는 들매화 69
호수와 갈잎 70

3부. 구절초 어머니

가장 위대한 이름 ······· 72
구절초 어머니 ······· 73
손녀딸의 재롱을 보며 ······· 74
십자가 앞에서 ······· 75
어느 날의 기도 ······· 76
원죄와 나 ······· 77
재앙이 빚은 고향전설 ······· 78
뜬금없는 노래 ······· 80
모든 길은 마음의 길 ······· 81
순리順理 ······· 82
무상無相 ······· 83
사랑을 위하여 ······· 84
그날 ······· 85
누님의 세월 ······· 86
우애의 깃발을 올리고 ······· 87
장모님 생신날 ······· 88
남새밭 초록 향기를 보면 ······· 90
빛으로의 조화 ······· 91
멋진 날의 추상화 ······· 92

4부. 안개꽃의 배려심

단장하는 봄 ……… 94
달빛의 초대 ……… 95
노을빛 그대에게 ……… 96
노을이 행복한 이유 ……… 97
허무를 풍류하며 ……… 98
새벽노을의 길목에 서서 ……… 100
삶의 풍경 ……… 101
계절의 약속 ……… 102
단풍터널을 지나며 ……… 103
버려진 야생화 ……… 104
안개꽃의 배려심 ……… 105
자연과 더불어 사는 인생 ……… 106
노을 진 강 언덕에서 ……… 107
추일秋日 사색思索 ……… 108
시월의 마지막 낙엽 ……… 109
을숙도 소풍에서 ……… 110
별의 가슴이 되어 ……… 111
별의 상처 ……… 112
홍시 ……… 114

5부. 꿈의 메아리

어느 주말 아침의 상념 ······· 116
의미 ······· 117
살며 생각하니 ······· 118
기왕의 인생인데 ······· 120
다스리며 사는 인생 ······· 121
산다는 것은 ······· 122
살다보면 ······· 123
길이 되고 싶다 ······· 124
꿈의 메아리 ······· 126
허울 좋은 악마 ······· 128
현재는 신비의 한 수 ······· 130
빛이기를 노력하는 삶 ······· 132
그 시절 생각은 그랬지 ······· 134
황혼의 소망 ······· 136
추억의 세레나데 ······· 137
산책길에서 ······· 138
기다림 ······· 139
생각은 여울을 타고 ······· 140

작품해설 ······· 142

필연성 존중과 내적 환경 관찰의 시학
- 김순진 문학평론가

1부

거울의 이면

새벽 저잣거리 어물전에서

어둠이 짙게 굴절된 수심의 계층 따라
형형색색 모습대로 이름을 달고
저마다의 습성으로 평온의 파고를 타며
녹녹한 삶의 방식을 한껏 구가하다가
붉은 유혹의 날카로운 일격에는
돌아볼 순간조차 무딘 벼랑 끝
국경 없는 대해의 꿈은 목 메이고
허무조차 애처롭게 무너져 내린다
가진 것이라고는 제 몸도 남의 것에 진배없는 몫인 양
마음은 신의 뜻에 걸어두고
공포를 가르며 담대히 사르며 오른다

새벽을 설치는 어물전의 부지런한 놀림 끝으로
좌판대에 누워서 헐떡이는 체념의 눈망울
가련한 모습으로 아로새긴 시간도
북적대는 비린내가 저잣거리를 저만치 물러설 즈음
떨리는 서슬조차 낭만이 되어
밉도록 추한 억척의 손이 아름다운 기억으로
길들여진 세월의 저편

신의 굵은 목소리는 파도 포말이 짙게 흐르고
포근한 감정이 시련만큼이나 풍요로 드리워져

침 발린 지폐 몇 장이 거품덩어리에 비춰질 뿐
삶의 질풍이 거칠게 헉헉거린다

거울의 이면

누구나 거울 앞에서면 거울은
자신의 외관만 비추이는 것이
가까이하면 할수록 영락없는
앞모습을 또렷이 보여주면서도
뒷모습을 마주하는 법이 없다

혹여 돌아서면 맹탕의 염려에서일까
실재와는 정면으로 대칭되어
은근히 드러내는 모습만을 고집한다

거울 속 반사의 빛이 겉으로는
현실의 단면을 보여주지만
들여다보면 볼수록 속으로는
세월의 골이 선명하게 흐르고
내일의 이면이 서려져 있다

현재를 바탕으로 언제나 그렇게
과거와 미래가 혼재되어
은근히 반대의 모습만을 고집한다

거울 앞에 서있는 자신을 발견하고
흉상에 드리워진 실루엣을 보고는
본질의 줄기는 절절이 유물인데
전생과 내생은 감정이 반대라서
한 치 코앞이 도무지 별난 세상이다

궁금해지는 생각들이 밀려들어
뒤를 보면 아무것도 없는 듯이
괜스레 거울속의 빛이 경이롭다

세상이 있는 까닭

눈에 보이지도 않고 감각에 닿지도 않으며
상상으로 헤아릴 수도 없는 어둠 중에
홰치는 닭의 울림이 있은 이래로
신열이 천지를 덮더니 허공이 열리고
처음 이전의 암흑이 비로소 빛을 토하니
호흡이 잠에서 깨어 생명길이 터지고
자연의 발로에서 영원의 존재를 알지 못하나
망망한 천하에 생명의 빛이 곧
만물의 근원이요 삶의 원천이 되었으니
오늘의 세상이 있는 까닭이라
생각이 여기쯤에 달통하자
삼천갑을 돈방석에 묻혀 살다가 기껏
그놈 때문에 갈길 떠난 인생도 있었다니
생욕이 가련해야 하는 현실은 언제나 슬픈 것
운명을 알지는 못하나 마음은 미래에 있는 것
가끔은 부질없는 나이가 인생노래 하더라도
언젠가 마음 창 하나 열리는 날이면
운명도 깨달음도 믿음으로 의지하는
구원의 구도를 걷게 되나 보다
그러기에 인간이란
지극히 연약해야 하는 슬픈 존재인 것을

지구별 정거장에서

하늘과 땅과 보이는 것들만이 전부였던 시절로
발길을 거슬러 올라가 봅니다

아직은 다리에 힘이 들지 않아서
흔들리고 넘어질 때까지만 해도
주름끼 하나 없는 마음 창으로
자연을 보고 세상을 보지 못하는
이목을 가진 적이 있었지요
창문 너머로 요원하지도 않는
어스름 별빛의 또 다른 꿈을 봅니다
이마에 정거장이 들어와 박히고
떨어진 별에 낭만이 낭자했습니다

할 일 없이 하루해가 짧은 사람도
바쁜 일상이 지겨운 인생도
다시 노을이 깔리고 어둠이 밀려오면
가장 오묘한 출혈을 남긴 채
어느 별 역을 스치는 여행을 하리라

보이는 것만이 전부였던 그 시절처럼
어디쯤에 아침이 오는 것을 알 수 없으나
개똥철학의 아름다운 순수를 믿습니다

토討와 패霸
- 고등학교 동창들을 만나다

어느 카페에서
서른여섯 해 장벽을 넘어
그 이상의 반가운 아이들
고요한 기적의 파동이 목사牧師를 닮았다고
겸손한 체 하지도 않는 아이
언제나 교양이 묵직한 훈장을 빼박아서
속으로 거들먹거리지도 않는 아이
꿈길을 거슬러 흐르는 물정에
훌쩍 변해버린 사장스타일의 아이
이제야 페인주름에 느낌표 하나 달고
그런 아이들과 마주했다

늙은이가 다되도록
만나지도 못하고 말도 없었으나
구차한 변명들이 무엇을 생각하고 말하는지
오래전부터 다 아는 사이라서
통하는 의리가 있을 뿐
더 이상 지켜야 할 자존심의 보루도 없었다

세상을 마시고 변명을 떠들며
남겨진 자취만으로도
우린 영원한 예술이랍시고

각양의 색깔들을 씹어가며
토를 달고 패를 보인다

한 치 앞을 알 수 없는 세월에
산다는 것의 징표만으로도
인생은 행위예술의 미학이라며
완전을 위한
영원한 미완의 노출을 치켜세우고
저마다의 기분으로 남은 길을 여행한다

휴일 아침의 내곡천[1]

눈부시게 아침이 늘어지는 것을 보니
아마도 오늘은 무심한 휴일인가 보다
생각도 거른 채 주섬주섬 뒷산을 걸었다
거처가 지척인데도 감회가 새롭기는
거기가 소싯적 내 놀이터 탓이거니
세월이 삶의 방식을 바꾸어 놓았다

우거진 숲으로 난 좁은 길에서도
골골이 구비치는 물소리 저만치 변함없고
새벽을 다녀간 이슬자국이 촉촉한데
저마다의 색으로 재잘대는 새들의 화음도
나의 안식처와는 별반 낯설 것이 없는데
왠지 이국의 풍취가 나는 것 같다

거리에는 어지럽게 소음이 진동하고
회색 숲 사이로 스며드는 메스꺼움
아귀다툼에 찌들어진 삶의 공해는
뼈와 살에 저미어 내리는데
중국 발 미세먼지의 너부러진 스모그 현상에
도시의 얼굴들이 볼거리처럼 부풀어 있다

---

[1] 필자가 사는 마을 뒤를 돌아서 흐르는 개울 이름

고요가 흐르는 내곡천에 우려내어
신선한 공기에 걸러서 보내려다가
차마 이곳까지 오염이 범하지는 않을까
넌지시 두려운 마음 어쩌지 못하고
조린 가슴소리에 귀를 세운다
산을 타다가 가만히 내곡천의 아침을 본다

멸치에게 길을 묻다
- 대변항 멸치축제 소고

몰이 잡이 털이 내음이 어울진 대변항
광장 중심에는 국경도 거침없는 삶의
은빛 기상을 엿보게 하는 멸치들의 조형
향기 뭉클한 설렘의 아름다움이며
하늘이 내린 구릿빛 이름이 아니던가

대변항에 사월이 오면 물비늘 바라보며
갈매기 배회하는 자연풍광을 무대로
마파람에 까무잡잘한 바다를 배경으로
후려치는 안무 끝에 춤추는 멸치들의 향연
반짝이는 은빛 날개 장관을 펼친다

그들만의 오랜 타성과 타고난 재능
봄 타는 줄도 잊은 그린나래 군무
은물결 조각 여지없이 풀어내니
겨우내 얼마나 갈고 다듬었을까
구름떼 모꼬지도 물결을 이룬다

성미 급한 몇 놈은 제풀에 못 이겨
마지막 혼신을 던지는 품격인양
자연산체질이 톡톡 튀는 곡예를 하며
소담한 모습으로 구미를 흔들어보는데
달보드레한 육질이 환심을 끌어낸다

온몸으로 반짝이며 모든 걸 내어주는 멸치들에게
사람비린내 풍기며 살 수 있는 길을 묻는다

미세먼지 공해

무엇이 그리도 성급하게 하였을까
신비의 배려와 조화로 어우러진
천지자연의 선물을 거역한 채로
고요를 깨우는 억척의 깃발
눈앞의 편익을 쫓아서 펄럭이는 산업화
사는 게 뭔지 철없던 믿음의 서광에
애당초 눌러 붙은 격정의 산물이겠다

경이의 재앙을 어렴풋 알기까지
거짓과 변명과 허세에 찌들어
순리를 파괴하는 발악의 끝에는
하늘빛 소스라치게 멀어져
한 줄기 어둠의 장막이 드리우니
거칠게 질퍽거리는 잿빛 환경
기어이 피할 수 없는 재앙의 운명인가

돌아가는 바람을 알만 하니까
감사한 날은 무심하리만치 지나고
이슬도 서릿발 서슬이 되어
아픈 현실이 어지러운 세상에
혹독한 고행 길을 자초한 세월
행복의 비명이 불러온 시련의 대가인가
해묵은 만감이 눈앞에 어린다

석류에게 배우다

지난 봄 재래시장 가던 길목에서
앳된 생명이 마음을 보채기에
뜰 앞 정원에 들여놓고 성심껏 살폈더니
여름 내 푸른 꽃잎 붉은 망울을 피우며
제법 그늘을 내어주는 시늉까지 하더니
어느새 매끄러운 향기는 그윽이 물들어
계절마저 달구어 놓는가 싶었는데
돌아보면 엊그제 같은 세월이 쑥스러운 듯
제법 성숙한 나목을 하고 있다
겨울나기 준비에 부지런한 걸 보고
시린 바람에 부치어 그렇겠거니 했는데
가지 사이로 이는 풍설을 막으려는
잎의 배려 깊은 심산이었다니
찬 서리 혹한인들 거칠게 무엇이랴
조신한 자태가 한결 싱그러워 보인다

세월가면 그들도 터진 틈으로
알알이 영그는 모습 얼마나 보여주겠지
언젠가 거목되어 붉은 속 드러내며
만면에 웃음꽃 흐드러지겠지
가만히 들여다보면 상상할수록
자연 속의 세계는 사랑으로 한이 없다

자화공상 自畵空想

연기는 미인을 쫓아다닌다 했던가
마치 증명이라도 보이려는 듯
연기가 따라다니며 미인을 휘어감는다
매캐한 신비의 두려움에 등 돌리면
산발한 모습으로 전신을 끌어 품는다
괜스레 미모 때문에 으슥해하다가
야릇하게 슬퍼야만 하는가에 대하여
미인을 알아보는 연기의 가슴에 대하여
자초지종 인과관계의 진리를 파고드니
오랜 역사 속 내공에서 일어나는
바람의 눈이 연기를 산화시키려 하나
연기는 한사코 미인을 향하여 불타는데
미인은 기어이 연기가 싫은 모양이다
바람이 미인을 따르자니
더벅머리 연기를 쫓아야 하고
연기는 바람 덕에 미인을 품으니
바람 더불어 좋아라하네
미인은 철철이 이는 바람이 좋아서
서로는 오묘하게 깊은 삼각관계로
알 듯 말 듯 차마 알지 못하였는데
미남은 슬기로운 바람이고

바람은 연기로 미남이고
연기는 바람 따라서 미남이니
얼기설기 부대끼며 사랑한다는 것이
자연이 생동하는 순수의 샘이요
훈훈한 세상의 원천이 되는 것을

모레장의 추억

시골읍내 장터에는 닷새마다 장이 서는데
장터 가는 십리 길은 가도가도 십리길
오일장은 얼버무려 예사로 모레장날이다

안 되는 일도 없을 것 같으면서
뒤돌아보면 되는 일도 잘 없는 것 같으니
모레장날은 여운이 기다려지는 장이다

아무리 급한 사정도 자세히 챙겨보면
때로는 전해오는 부도수표 같은 것이어서
이래저래 모레 장은 평계장날이다

고개 너머 사돈네 팔촌 친구까지 왁자지껄
한마당 정겨움을 펼치는 시골 사방십리 길은
닷새마다 전통이 서는 숨결의 장이다

안부기별도 팔고 막걸리 파전도 있어서
해거름 파장에는 인정이 넘쳐나는
교류의 마당이고 미풍양속의 장터다

낯설은 얼굴들이 넘치는 백화점

멋쩍은 쇼핑에 싱거운 외식을 걸치고
잃어버린 시간을 주섬주섬 추스르며
어스름 달빛 드리운 앞마당에 들어서니
꼬리 잘린 멍멍이가 외로움에 반색이다

늙은 부부의 방정식

깃발을 치켜세우고
귓전을 흔드는 바람을 탈출한다
달빛아래 공원을 할 일 없이 거닐며
옛날을 쓸데없이 긁어모아본다
괜스레 주머니를 뒤척이다가 이내 접는다
휴대폰을 만지작거리다가 포기한다
통신이 닿기를 은근히 기다린다
시간이 참 마디다

Darling으로 등록된 벨이 울린다
이때다 싶어 받기를 포기한다
잠시 뒤 문자통신이 떴다
"빨리 들어오셔 할 말 있다"
으흠, 하고 피식 웃어본다
두 번째 문자가 날아왔다
평소 고혈압을 적절히 원용한 협박성 문자다
건강관리에 아주 무관심하지는 않는구나
내심 다행이라는 생각에 은근히 고맙기까지 하다

깊어만 가는 밤 자락만큼이나 지친 마음이
다시 오지 않을 법한 벨소리에 귀 기울이게 한다

언제라도 불러서 좋을 말벗 하나 있다면 참 좋을 것 같다
귀가할 핑계를 궁리하다가 어느새 발길은 집 앞이다
현관 앞에 밝혀놓은 불빛이 먼저 말하고 있다
서로는 태연한척 속으로 하는 말이
우리가 살아온 세월이 얼마인데
조용히 깃발을 내린다

조국의 완연한 봄을 기다리며
- 3.1절 백돌을 뒤돌아보며

당신의 몸에는
달콤한 향기가 있고
뜨거운 사랑이 있고
벌 나비 찾아와서
당신의 특권일지도모를
꿀맛 행복을 가꾼다

당신의 생각에는
아늑한 꿈이 있고
포근한 낙이 있고
여정의 스타일은 다를지라도
지향하는 목표는
아름다운 행복일는지 모른다

사랑도 행복도
언제나 꿀맛 나는 길은 아니다
비바람에 떨어야 할
고독의 언덕이 있고
질투도 시련도
헤쳐야 할 과제일는지 모른다

애절함이 묻어나는 진실의 침묵
술잔에 아롱지는 논리의 모순
가장 향기로운 만남의 눈물 앞에
아직도 못 다한 외로운 물결
조국의 봄은 마음에 들어와 있는데
정제되지 않는 그리움 하나

치과에서 문득

임플란트 시술 중 문득
우리말 글의 원리가 떠오른다

천지天地에서 발원하여
ㅅ으로 세상을 얻으니
자연의 원리 따라
안으로 합수하는 아홉 강
둑에는 하얀 수목들
뿌리마다 솟는 감각의 샘
창조와 변화로 흘러들어
소통의 길을 내고 장부를 다스리니
책무가 무겁기만 하다

발현되는 근원 따라
이설순치후牙舌脣齒喉 본을 떠서
닮은꼴이 세심하니
점하나 획 하나에도
자욱이 떨려오는 울림
자모의 장엄한 화음
어쩌다 실없는 발설에는
화복을 부르기도 하지만
천지天地人 더불어 품은 제자制字
무궁한 변화의 원리다

깨진 트로피

초대된 가족으로 공모전 갔다 오던 길
플랫폼을 지나서 육교 위를 걷다가
좀 전에 수상受賞한 트로피를 떨어뜨렸다
크리스털 재질은 조각으로 흩어지고
당황할 겨를도 잊은 채 파편들을 수습하여
그 살 그 피로 복원에 애를 끓여본다
드러나는 상처는 따뜻한 위안으로도
극복의 힘이 되고 아물기 쉬우나
혈류타고 아려오는 눈물의 속성이란
가늠조차 닿지 못할 사랑이 아니라면
혹한의 대가는 가슴에다 지우고
대강의 봉합에 다름 아닐 것이니
내부의 형질이 타고 남겨진 재로 다시
소망의 불씨가 되어 또 하나
베푸는 치유의 생명이 되어준다면

깨뜨려져서 아픈 비밀이 아니라
아파도 아프지 않는 가슴이기에
광야에는 새벽빛이 출렁이고
포용의 진실이 아프지 않으니까
순수 속의 사랑은 수줍어 붉은데
깊어진 주름에 행복이 묻어난다

3.1節 100週年에 加하다

피눈물의 날들을 가만히 헤아리면
몽매에도 그런 날이 언제 있었던가!
광풍으로 진저리치는 날들의 순간에도
봄 매화는 뜨겁도록 피어나서
삼월의 하늘을 그토록 사르던 향기
불굴의 깃발은 절경을 이루고
계절의 저편 언덕을 넘어서
소슬바람 저려오는 혁명의 가도에는
스러진 잎들이 갈 빛 뼈대로 남아
어렵사리 줄기타고 흐르는 정령이여
암울한 역사 속 들풀의 그 함성이여
태양은 광명을 위하여 애쓴 까닭으로
역사의 순리들이 바람에 익어
면면히 이어온 탯줄의 생명들은
나날이 풍성한 변화를 질주하니
의거의 교훈을 어찌 염려할 것이며
병탄의 원구를 어찌 한할 일이랴
서린 한의 진혼이 꽃으로 피어나서
신록의 세상에 사랑의 향기가 되고
어두운 밤의 잔잔한 별빛이 되어
어련히 진리의 백년 귀로에 서서

광야를 출렁이는 결실의 노래로
긴파람 돌이키며 세월을 뇌어본다

위기와 슬기

어둠을 밝혀야 할 빛이 졸고 있는 사이
진리는 안개 속으로 쓰러지고
내수면 아래로 의혹이 검은 물결을 친다
대륙을 질주하듯 고삐 풀린 망아지는
돌아가는 정세가 허구만은 아니라는 걸 눈치 챈다

한 길 심지心志를 굳게 돋우고
내심이 표출하는 몸부림
개량 한복을 미끼로 환심을 끌고
물길을 꺾어 화살을 돌리려 하지만
날카로운 시선이 긴장을 더 한다

바람의 표상 깃대 끝에 모두고
역동의 함성 핏빛 절규를 토하고
성난 촛불 심지心地를 끓여 용광로에 붓다
얽어진 운명의 영혼을 방패삼아
음흉한 어깃장이 팽팽히 맞서다

빛 속 본질을 가만히 들여다보면
어둠을 밝히는 진리가 흐르고 있다
흔들리는 속내를 허공에 묻고

맴돌던 유혹의 끝이 짙게 저민다
한길 속 일렁이는 수심愁心이 총총하다

통일로 가는 길목

흙도 말도 흐르는 피도
한 걸음 더 실제를 보니
모두가 본디 그대로
불멸의 우리 것인데
가슴에 세긴 당위의 명제 앞에
넘지 못할 장애가 무엇이랴

문화도 정서도 흐르는 눈물도
하나로 통하는 날
의지를 보여주고
결의를 펼칠 때
분단의 의미가 무색할 뿐인데
믿음에 능치 못할 것이 무엇이랴

통일을 향한 운명의 눈빛에는
개개의 사정이 다르지 않을지니
자연의 진실에는 강산도 만끽 한다
이슬로 얼룩진 한겨레의 영이시여
이것이 천혜의 자유요 낙원의 평화요
다함께 번영으로 가는 길이리라

2부

시학개론

시의 꿈

길모퉁이 어느 작은 카페의 구석진 그곳에는
아주 가끔씩 낭만을 고집하는 노래가 있다
연민의 숨결이 머물다 떠나기도 하고
세월의 자국이 향기를 자아내는 곳
영혼을 울리는 샘이 쏟아질듯
아찔한 떨림이 퍼부어올 때면
고요히 드리운 달빛 어스름에
아늑히 피어나는 봄날의 과제처럼
지치도록 간절한 상상의 집념이 일어난다

오래전 지워버린 시절의 노래를 위하여
외로운 기도가 아련히 밀려오면
어렴풋한 기억 속으로 묻어나는 옛 향기
잊으려 잊으려고 해도 꿈쩍 않던 그 영혼
숙연해지는 회포를 깔고 있자하니
어디에선가 불쑥 튀어나올 것만 같은 예감
그립고 아쉬움에 대한 까닭의 노래이기에
기어이 놓칠 수 없는 쾌감이 식지 않는 한
숨길 수 없는 사랑이 지칠 때까지 만이라도
물어뜯어서라도 기어이 엮어야 하는 운명

시의 샘에 대하여

시공時空을 거니는 바람의 노래에
천지개벽이라도 스친 듯이
과거는 현재가 되고
내일이 어제가 된다고 하여
가능보다 쉬운 불가능이
더 가능한 것은
절대로 흔들리는 존재라서
흔들리지 않는 깊이가
신비를 초월하는 보고寶庫니까
뿌리의 본능적 시샘詩泉이리니
모순의 억척이나 지혜의 혼돈이
하등의 불안이나 근심이 아닐진대
창으로 비춰진 각양의 명상이
거꾸로 모습을 하고 돌아간다 하여
꼬이고 틀어진 매무새의 매김에
시공의 착시가 어찌 꿈일 리야
때로는 바람을 그리워하다가
실없이 공상空想 속 사유를 풀어서
창공에 자유의 나래를 펼치면
끝없는 당신의 환상을 맛보며
일기를 쓰듯이 먹고 싸고 자고
그렇게 어린 감정을 설파한다

시의 특권

인생은 끝없는 물음표다
제아무리 무장한 사상일지라도
생각의 바탕이 가정이고
가정의 근본이 물음표라서
느낌표 하나 마침표 하나에도
어디엔가 물음표 하나쯤 있다

처음도 나중도 어차피 몽매한 인생
감탄하거나 무시할 바도 아니다
해맑은 진리의 천국 길에 대하여도
긍정이나 부정의 물음표가 있는데
던져진 삶이라 하여 예비한 영혼인들
애당초 물음표 아닌 역설이 없지 않느냐

창조적 수식이나 보편적인 모순 따위는
당신에게 제약조차 무지한 특권이기에
삶의 애착이나 죽음의 공포마저도
바람 끝으로 피어나는 낭만이라면
가장 완벽을 향한 열병의 아름다움이니
인생사 물음표란 이름표를 다는 증거다

물음표에 답하다

인생은 온통 물음표다
어디에서 왔으며 어디로 드는 걸까
아무것도 존재하지 않는 세상은 있을까
한 치 코앞을 알 수 없는 세상사
살다보면 물음표가 아닌 것이 없다

출발부터 사는 날까지가 요지경인데
궁리하지 않는 삶이 어디에 있을까
스스로에게 물음표를 던져보아도
어느 것 하나 물음표 아닌 것이 없으니
죽어서도 물음표 하나쯤은 달고 간다

기다리는 물음표에 답이 있다면
진실은 하나, 마음을 내려놓는 것
시는 사유가 분방한 특권이 있기에
부호나 맞춤법 따위는 장애가 아니다
꿈이나 허구도 뛰어넘는 상상이다

누구나 한 번쯤은 던져본다지
입은 있으나 말은 생각이 하고
오직 시詩만이 무구한 답을 내린다
만일 세상에 시가 없었더라면
영원히 묻혀야 할 증표들이다

나이에 대하여

실없이 부대껴온 세월의 물음표에
실패가 완벽한 예술이랄까
고만고만 낯 설은 면면의 주름에
골근骨筋은 시나브로 지쳐만 가는데
옛 같지 않은 구도의 스케치에는
넉살좋은 살가죽뿐이 아니다
주책없는 행복의 꿈
담을 수 없는 청순미
외로이 서걱되는 심기의 노래
조각난 추억이 서린 걸 보면
인생은 무상한 구름여로 같아서
나이를 먹는다는 것은
아련히 빚어놓은 바람의 수채화
갈대꽃 흩날리는 강 언덕에서
독백을 마시는 슬픈 예술이다

세대차이

낡은 세대가 어둠을 꼼꼼히 수선한다
자연은 새로운 자연으로 갈아입으려 하는데
나는 새로운 꿈을 위하여 가난을 수선한다

낡은 청바지 숭숭한 장식으로 활보한다
자연은 폐습에 젖고 도리가 흔들리니
풀잎마저 몸져 눕는다

체험을 명분으로 구멍 난 구습을 달래려 하지만
가난도 장식이고 도덕도 부질없다
무구한 선험이 무너져 내린다

시학개론詩學槪論

그대가 그리우면
밀려오는 생각은 단어가 되고
그래도 그리우면
구구절절 사설이 된다

시상을 빚어 씨앗을 틔우는 날이면
그리움은 꽃이 되고 열매가 된다
시작詩作은 흔들리는 도전이지만
시를 사랑한다는 것은
씨를 그리워한다는 뜻이다

시의 씨앗은 영감靈感이 밉상일 때라야
감치는 사랑을 받고
맛이 깊은 시가 된다
아내는 나를 밉상영감이라 하지만
나는 아내를 사랑하는 그대라 한다

씨는 발칙할수록 그리움을 낳고
맛이 깊은 그대가 된다

로고에 새긴 사랑

아늑한 호수가 보이는 카페에서
잔잔한 클래식이 물결을 이루고
선착장 유람선에 설운이 호젓한데
혹한에도 매화는 향기를 간직하듯
소박한 백설 케이크에 행복이 훈훈하다

예순 여 촛불에는 지그시 흐르는 빛
말아 쥔 손에는 들키고 싶은 심박소리
가슴을 파고드는 전율만은 모른다 하자
고마움이 묻어나는 세월의 언덕에서
무언의 진실이 샘솟는 원천을 읽는다

이제 꿈을 엮어 엄연한 실화 속으로
하모니가 잘 어울리는 모든 걸 알고 있다
비워서 채워지는 달빛 사랑의 의지로
맞잡은 손 풍상을 넘어 주름진 이랑에는
제법 거칠어진 살결 로고가 괜스레 붉다

시인의 향기 · 1

금빛 바다를 꿈꾸다가
결 은은한 진주 빛 백사장에서
그윽하던 파장을 본 가슴이 있다

아늑히 단장한 교향곡 향기
망울망울 소박한 손길에
풋풋하던 체온을 본 심장이 있다

이상의 나래 품안에서
목가적 설계의 향수를 일구며
행복하던 떨림을 본 눈빛이 있다

남록의 고향 전원에서
소나타 선율의 앳된 미풍에
심취하던 울림을 본 심성이 있다

시인의 향기 · 2

자연을 구가謳歌하는 창으로
아련히 스미는 미소의 물결
손끝 춤사위 서정을 수繡놓으니
고즈넉한 꿈을 봅니다

핏줄 품은 대지의 천성으로
아침이슬 문향聞香을 읽으며
푸근히 흐르는 감성에 젖어
그지없는 격조를 봅니다

이마에 어리는 세월의 골에서
여울지는 그림 가만히 길어와
그칠 줄 모르는 사랑 샘으로
뜨겁게 풀어봅니다

존엄의 가치도 미완의 여유도
뭉클한 소망 선경에 담아
유토피아 낙원을 사설로 엮어
한 톨 씨눈을 틔워봅니다

풍류를 엮다

사랑도 자비도
마음은 번잡한 방랑자
주야로 흐르니 늙지 않는 그대에게
희망도 향수도
격랑 속으로 찌들어버린 채
뒤안길로 문드러질 역사의 운명에 대하여
안식의 소망과 의지해야 할 믿음으로
그렇게 본향 가는 길목에는
살가운 바람이 몰아치겠지

꿈인지 필연인지
약속은 시간이 버린 외로운 방랑자
절로 왔다 절로 떠날 빈손 여정인데
아직은 퍼즐 조각이 남은 까닭이기에
흐르는 자화상을 저녁놀에 띄워놓고
막걸리 두어 사발에 풍류를 엮어
스치는 바람소리나 주워듣다가
한 줌 모래로 흩어져 황량한 광야를 지나
어느 무관심으로 흔적을 날리련다

이글거리는 진실

그대
나의 까만 눈동자에 담아
그대가 흐르는 눈빛에 빚는 가슴
당신은 언제나 나를 위하여
뜨겁도록 차갑습니다

나는 그대를 닮으려 하지마는
당신을 연모하지는 않습니다
의지로 비롯되는 까닭이기에
뜨겁게 냉정해지려할 뿐입니다

그대
존재의 이유가 나를 위해서라면
나는 당신을 위하여 단
하루를 살아본 기억이 없습니다
서로의 관계는 신비로 가득할 뿐입니다

나는 그대가 그리울 때면
결지決志의 가슴을 보이지만
당신은 내 속에서 이글거리는
진실眞實의 눈빛입니다

청춘에 대하여

공포에 눌리고 외로움에 지치고 시선의 냉혹함에
사람 사는 세상마저 외면한 청춘의 가슴을 보라

누군들 꽃다운 소망 하나쯤 없을까 마는
갈갈이 버려진 꽃만도 못할 청춘이여

아침을 밝히는 햇살도 먹구름에 부딪혀서 스러지면
꽁초미아로 우주에 내동댕이쳐질 청춘이여

낡은 쪽박마저 깨어져 물 한 모금 적신지 얼마던가
흔들리다가 깨어지고 말 청춘이여

희미한 온기도 주린 기력도 인맥 끊긴지 오랜 듯
뒤돌아보고 싶지도 않을 청춘이여

누리에 동토가 없게 하시고
메마른 땅에 움트는 단비를 부둥켜야만 한다
신의 능력에 운명을 토하고 말 청춘이여

간절한 아침이 깨어나 소박한 염원을 끓여서
하늘로 불기둥 하나 쌓을 청춘이여

파고를 넘어 텅 빈 가슴에 한 줄기 빛이기를
새벽을 주신 것에 감하는 마음을 담아
고귀한 청춘의 대책을 기도하며

돌고 도는 인생여로

가장 먼 곳은 가장 가까이에 붙어있다
기억의 문턱을 아슬히 넘어서면
머리끝이 발바닥이고
발가락 끝으로 머리칼이 돋고 있다
행진하는 길은 꿈의 표출이다
그들은 이빨자국을 흘리며 돌아가고
순간들이 수많은 착시를 얽어서
영원한 진리를 향하여 불멸의 논리를 부르짖고
공상과학의 원리를 끌어 비참하리만치
섭리를 비틀며 내일을 노래하고 있다
계절의 나이테가 둥글다는 것은
태양이 하늘 위에 떠있어서
지구가 둥글게 돌아가기 때문일 지니
돌고 돌아서 원점으로 끝이 없는 세상
부단히 발전하는 모습인양 보이지만
고단이 익숙한 채로 담금질하는 전쟁
화석의 고달픈 풍상이 가실 리 없고
스치는 만사에 참회를 토로한들
한없이 넓고도 좁은 것이 마음이라
한 치 코앞을 헤아릴 수 없는 회로도
하늘 뜻대로 따르면 그만이라지만
인생길에는 상상을 초월하는 사연도 많다

꿈으로 그린 수채화

내색 없는 억척의 품안에서 고이자라
고생이 뭔지 물정을 알 리 없는 꽃
다소곳이 도도한 화초는
주는 것도 받는 것도 베푸는
사랑은 유치한 장난이라며
미모도 마음씨도 산골에 심기로 했지
야릇한 혼돈의 의미심장한
진실은 희생인양 가녀린 꿈일 듯이
호기심을 유발하려는 차원이던가

사랑보다 위대한 도전이란
존재하지 않는 이상이라며
유달리 설렁한 소설을 펼쳤던
당신은 그림이 전공도 아니면서
언제부턴가 다소곳한 호박꽃
손끝으로 가슴 한켠 화려하지 않는
분향기 깊숙이 숨겨놓은 꽃술에는
은근한 눈빛하나 보일 듯 말 듯

세월 지치는 줄 모르는 꿀벌은
달콤한 사랑분에 넋마저 잃고

바다의 마음

바다는 가장 깊습니다
깊어지고 깊어져서
이제는 깊다 못해
가장 얕습니다

바다는 가장 넓습니다
넓어지고 넓어져서
더 이상 넓다 못해
가장 둥급니다

넓고 깊은 바다 속은
세상 자연을 품으며
칭찬도 허물도 차별이 없으니
가장 아름답습니다

끝이 없는 가슴에는
한 점 스치는 찰나도
그냥 보내는 법이 없으니
당신은 세상 어머니입니다

새벽을 쓰다

나약해보이는 뿌리에 의지하며
스러질 듯 여려만 가는 고목
밤새 깊은 시름의 다짐을 읽으며
영롱한 새벽이슬 터질세라
풀잎 끝 방울방울 맺힌 무영無影편지에
서리서리 간직한 속사랑을 투영한다

어둠은 무성하던 잎들의 가슴을 만지며
떠오르는 태양을 향해 아침을 내어 준다
잔잔한 곡조는 무아의 침묵을 깨고
새벽이슬 다투어 오롯이 사르다
하늘을 보고 바람을 보고
허공으로 띄워야 할 소리 없는 영상편지

아늑히 흐르는 빛의 길을 걸어서
귀에 익은 소망이 나래를 타고
어렵사리 떨려오는 통일의 벅찬 무게
천사들의 하얀 합창과 평화의 향기
끝없는 하늘을 우러러 맞으며
고요한 아침을 전하려는 햇살이 붉다

섭리攝理

갈 하늘이 오색 꿈을 품었다가
갈 빛 물결로 산야를 덮었던가
찰나의 숨결에도 귀를 세운다

하얀 계절이 떨리는 호흡을 하고
밀려오는 시간들이 자연을 깨우면
부지런한 순풍이 둥지를 튼다

노을빛 흐르는 수평선 너머에서
잔잔한 바람이 사색을 몰고 와서
희망의 불씨 하나 피워 올린다

계절의 마디들이 풍광을 빚으면
여름 가면 가을은 또 오겠지
계절의 믿음에 과거가 말을 던진다

대자연의 섭리 앞에
지극히 나약한 조각의 존재로
인간의 무게가 숙연해진다

봄을 기다리는 들매화
- 통일의 새 걸음을 보고

간밤에 내린 눈이
만개한 매화꽃을 다 덮었다하여
놀랍다거나 신비한 기상은 아니다

실눈썹 달이 뜨지 않아도
밤의 어둠을 밝혀주는 설매화 숨소리
눈 덮인 운치를 더 한다

봄이 오기까지 시샘하는 맹추위가
온화한 맵시의 격을 더하는 것뿐이랴
고아한 들매화 향기의 기개가 드높다

외로운 향수의 근사한 기다림이란
순간도 멈출 수 없어 하나 되는 소원
님 향한 길은 한 땀 한 땀 뜨거운 그리움

호수와 갈잎

해와 달이 강산의 그림자 옮기고
부산한 계절이 저마다 길을 열면
엄숙한 진리의 하소연인지
스치는 바람의 버거움인지
숭숭한 운명의 모습을 하고
잔잔한 내 가슴에 처연히 내리던 날
벌레 먹은 몸으로 삶의 사연 뱉는다

싱그러운 시절의 오색미풍도
가지 끝에 흔들리는 낭만의 전율도
귓전을 간질이는 숨결마저도
잎새의 미소가 서럽도록 부서지고
흐르는 자연에 고결한 빈손일생
구멍 난 상처는 세월의 비애겠다

계절의 뒤안길로 저무는 시름도
흙 향기 고이 빚어 엮어온 생이라
듬직한 갈바람에 훌씨 날리듯
내 가슴에 일렁이는 잔물결 위로
자늑자늑 속삭이는 당신의 눈빛에서
창대한 영혼의 사랑 꿈을 꾸어 본다

3부

구절초 어머니

가장 위대한 이름

바다가 훤히 내려다보이는 산등성이에서
바다 속 그림을 가만히 스케치한다
산과 바다는 서로 반대라서
다른 듯 닮은 듯 일체인 줄을 처음 알았다

정성과 사랑이 풍성한 바람의 입김으로
진솔한 삶의 언덕에 활기를 열면
휘어질 듯 강하며 날아갈 듯 무거운 이름
부모는 산이요 바다요 스치는 바람이다

나에게는 보고 싶을 때 볼 수 없는
소롯한 품속 그리움이 하나 있으니
다시 오지 않을 요량으로 그렇게
빛의 길을 잔잔히 걸어서 갔다

그리움의 부모는 기도가 대화라서
사연 실은 물결이 바람에 밀려오거나
회초리의 향수가 가슴을 때리는 날이면
산소 앞에서 도란도란 기도로 의지한다

구절초 어머니

벼랑바위에 절절이 새긴 사랑
마디마디 함초롬한 전설의 향기여
여린 듯이 강한 듯이 청초한 위엄
수줍은 듯 다소곳이 에인 꿈이여
소담한 향기를 피우기 위하여
그리도 아홉 마디 장엄한 기개여
순박하고 진한 그리움이 깊은 계절에
처연히 결실을 기다리는 들풀이여
준엄한 운명도 시련의 고뇌도
위대한 행복인양 애써 움치는
화려함이 버거운 이름이여
뿌리에서 향기까지
소슬바람에도 한들거리는 당신은
고결한 숨결로 피어나서
박애를 간직한 길이기에
아픔도 슬픔도 준수한 자태
열절의행烈節懿行 삶의 무게 홀연히 내리시니
가슴 속 담대한 빛의 진리는
천지를 감돌아 곱게도 누운 듯이
정녕 가을들녘의 순수한 사랑으로 아픈
그리움이 여울져 흐릅니다

손녀딸의 재롱을 보며

오뉴월 하루 볕이 무섭다 했든가
가만히 버려두어도 쉬이 늙어갈 일이다
나이든 여생의 화려한 변명일까
알량한 양심조차도 보이지 않는 파고波高
거칠한 세상 책임은 어디에도 없으니
그냥 늙어 가는 게 좀 억울해서일까
실없이 던져보는 할아버지 말놀음에도
18개월이 막 지난 손녀딸이 노는 재미에는
나날이 새로운 바람이 솔솔하다
세상인심이 제 아무리 역행할 지라도
자연의 근본을 어찌할까마는
티 없이 지극한 효성이 따로 없구나

▲ 손녀 이도연(33개월)과 함께

십자가 앞에서

세월을 가만히 거슬러보면
산다는 것은 바람에 흔들리는 것
인생이란 준엄한 무게 앞에
부끄럽지 않는 삶이 어디에 있으며
죄 없는 자국이 어디에 있으랴
지은 죄의 두려움을 아는 손길이
숱한 생명의 구원을 사르자니
높기만 한 첨탑의 십자가는
맺힌 죄의 고단을 씻어내고
땅위를 다스리며 살라하는데
무죄로 살 수 없는 운명이라면
고난의 길은 애달고도 가련하니
갈잎 스러지는 소리에도
괴로워 떨고 있는 아침이슬을 보면
붙들라 붙들라며 애원하는 당신
죄의 사슬이 바람 끝에 시려온다

어느 날의 기도

고백은 진실에 허덕이고
인내는 말없이 흔들리니
생각에 잠겨 고요를 뒤척이다가
헤아릴 수 없는 바다에 빠져
공상이 익어가는 계절을 만나니
불쑥 찾아온 릴케2)의 '가을날'에
소박素朴한 울림이 피어나서
부지런한 햇살에 눈이 부시다

가을은 기도의 꿈이 익어가는 날
갈망은 아름다운 진실이 되어
밀려오는 고독을 설레게 하더니
언제나 기도의 중심에 계시는
하나님은 넉넉한 계절이니까
포근한 꿈의 향기인가 보다

---

2) 릴케(Rilke, Rainer Maria) : 독일의 시인(1875~1926) 종교나 철학적인 작품을 많이 씀.

원죄와 나

달콤한 시련도 따뜻한 고난도
마냥 화창한 꿈을 가꾸며
철없이 설레던 시절
추상화가 만발한 에덴동산을
느낌 닿는 대로 한없이 뛰놀았지
하늘품은 평화의 낙원에도
바람의 유혹이 불을 지폈지
심중의 원초는 조각조각 스러지고
쑥스런 무화과는 속으로 피어선 지고
삶의 실체에는 거친 물결 부셔지고
하얀 머리는 기억을 깨워보지만
볼멘 세월이 지치도록 낯설게 한다

덧없이 스쳐간 회환의 무게
영문마저 알 수 없는 슬픈 이데아
원죄에서 지금까지 보이지 않는 길
간절한 기도에 구원의 날개를 달고
관심의 손길을 창공에 올려본다

티 없는 구름이 제 그림자 따라서
세월 위를 무심히 떠가는구나

재앙이 빚은 고향전설

소문난 다리 밑이 고향인 사람들은
고향 영혼을 잊었을까
명절이 되어도 찾지 않는다
폐허가 물려준 슬픈 유물이라고
가끔은 어린 손주에게
깡통에 대하여 일러주어도
전설 이야기로 흘려버린 채
한 번이라도 찾지 않는 이유가 하염없다

꿈을 밑천삼은 맨주먹 불꽃이
거적때기 고향을 살라버리고
한강을 일깨운 연분홍 기적
문명이 고향마을 지붕 위를 쌩쌩 달리고
어쩌다 오가는 걸음도 마냥 지날 뿐
뚝방 길 향수가 호젓이 아름다운데
한 서린 피난살이 고뇌가 묻힌 곳
울림의 현장이라고 생각하지 않는다
동족상잔의 참극이 교훈이라니
그래도 여운이 야릇한 다행이다

평화와 행복의 서곡이 울릴 때까지
철딱서니 없는 불장난은

이 땅에 다시없어야 할 텐데
상상만으로도 감당할 수 없는 길 위를
오늘도 가슴 졸이며 걷고 있다

뜬금없는 노래

종교보다도 깊은 눈물을 넘어
소설을 꿈꾸자니
실상이 아파야 하는 희망이고

사상보다도 높은 좌절을 넘어
현실을 그리자니
허상이 울어야 하는 이성理性이고

창공의 빛보다 짙은 꿈을 넘어
공상空想을 걸어보니
불멸의 시어는 영혼을 흔들고

세상천지에 가득한 꿈속의 꿈도
눈뜨면 언제나 씁쓸한 빈손의 여정
가늠조차 어려운 한세월 떠가는 구름인가

꿈길의 향기는 억세게도 말이 없는데
인생사 막연히 뜬금없는 노래인가

모든 길은 마음의 길

세상 어디에도 가지 않는 길은 없다
너도 가고 나도 가고
세상이 돌아가니까 길이다

세상 어디에도 끝이 없는 길은 없다
가다가가다가 보면
어디쯤에 세상 끝나는 길인데

세상 어디를 가더라도 길 아닌 것이 없고
종잡을 수 없는 만유의 길을 만나고
나름의 방식대로 다르게 길을 간다

바람이고 싶다가도 이슬이고 싶은 길
빛도 구름도 다녀가는 길
그런 길 하나 마음에 담고 살아간다

순리順理

눈 깜짝할 사이
저녁이 가고 아침이 오니
또 하루가 있을 뿐인데

긴 한숨짓는 사이
계절을 돌아서
또 한 해가 흘러갔다

순간이 스치는 사이
거역도 역행도 할 수 없는 비밀
마음의 여백에는 피골만 깊어가네

무상無相

먼지 쌓인 수채화를 보고
어둠을 뚫고 온 햇살을 떠올리자
괜스레 화려한 일기의 포로가 되어
화폭 속 아련한 낙서를 들추며
스치는 설렘에 잠 못 이룬 밤을 달랜다

세월로 끓인 가슴 구름 위에 걸어놓고
스쳐가는 소리를 물가에 풀어놓고
푸른 달빛 아래서 모닥불을 지피다
변해버린 진리마저 유치한 세상에
바람타고 떠가는 인생이 아니던가

천고마비가 손짓하는 계절 앞에
무덥던 열대야도 숨을 죽이고
며 칠 간의 긴 열병이 있은 후로
시절은 뒤안길로 멀어져가고
실없는 하루해는 이 밤을 재촉한다

사랑을 위하여

사랑은 행복한 예속이다
영원한 완전을 위하여
꿈으로 자신을 지워버리고
언제나 외롭지 않는 존재로
꽃 피고 잎 지는 자연을 노래하며
사과나무를 바라보는 기다림이다

사랑은 즐거움의 비명이다
피골을 에이는 시련이 밀려와도
겸손이 부끄럽지 않도록
한없이 작아지는 꿈을 먹으면
눈동자에 어리는 계절의 빛으로
익어가는 영혼에 감사하는 일이다

사랑은 작은 소리에도 아파하지만
태양의 기적이 숨을 죽일지라도
어둠에 두려워하거나 흔들리지 않는다
이유나 조건 따위는 애초에 떨쳐버리고
가끔은 자신마저 까맣게 태워버린 채
하늘 뜻에 감동하는 눈물을 흘린다

그날

유난히 깊은 고요 속 잔잔한 눈빛
그 절절함을 어찌 잊을 리가 있을까
그리고 따뜻한 마지막 체온이 통하고
다시 느껴볼 수 없는 사늘한 체온
정제할 수 없는 침묵의 순간이 흐르고
애절한 감정이 외롭게 뛰고 있었지

난국의 역사와 전통의 보전을 위하여
가슴에 묻어야 할 불타는 색깔은
애잔한 석양의 절규로 붉게 물들고
도리를 사르던 당당한 맹세의 무장도
세월의 저편 너머로 스러져 내리니
뜨겁던 숨결이 뚝뚝 발등을 적신다

막내아들의 고만한 나이 값을 믿었을까
요긴한 자리에 알갱이 하나 심어놓고
삶의 요량을 사리로 헤치게 하더니
언제나 기둥이고 그늘이던 향기는
그해 시월의 마지막 밤을 수놓으며
빛살 타고 뻗혀 오르던 포근한 걸음걸음
그림 속 뒷모습이 바람결에 스친다

누님의 세월

언제부터일까
기러기 어미가 다된 누나는
가끔씩 기러기 오는 날 기다리겠지
오늘은 설날이랍시고 찾아뵈니
기러기 대소가 애기꽃을 수놓고 있네

여든 넘은 풍상에 살 잡힌 골을 보니
철모르는 꽃들이 담송담송 피었으랴
속에서 돋아나는 늘그막 꽃이라서
몽우리 어느새 떡잎이 되었기로
희미하게 어른거리는 과거이거나
의미조차 보이지 않는 미래이거나
담소 중에 피는 꽃이 구태의연하건마는
속절없이 나이만 덩달아 늙었으랴
상념에 드리워진 물음표 하나는
무슨 재간이 있어서 감당할까
주야로 흐르는 시내의 노래에
알 수 없는 날들이 피어선 떠가고
구름은 말없이 한가로우니
부족하듯 푸근한 마음의 향기
천하에 낙천주의 누님이 다 되었구랴

우애의 깃발을 올리고

바람의 처량한 노래에
아이는 제 분수를 아는지 모르는지
깃발은 애처롭게 흔들리면서도
근원을 알려고 하지 않는다
다만 노래의 장단에 대가없이 춤추며
살갑게 맞을 뿐이다

아이가 다습한 냉기를 앞세우고 시름을 뱉으면
느낌이 슬프고 상처가 버거운 바람의 눈에는
감당할 수 없는 피동의 채색이 더 강렬하고
깃발의 가슴에는 온유의 물결마저 아려오는데
창공도 까마득히 알 수 없는 소망의 기류氣流에는
진리의 온기로도 예사롭지 않는 예지가 흐른다

깃발은 바람에 흔들릴 때 힘이 들지만
바람은 깃발이 펄럭일 때 행복하다면
바탕을 베푸는 깃발의 어깨가 지칠지라도
청정한 바람은 보이지 않으나 고요를 드리우니
바람의 아이야 꿈과 용기를 위한 고동이 뛰고 있다면
펄럭이는 깃발의 미소가 의지의 찬가를 마련하리라

장모님 생신날

어쩌다가 좀이나 늦는 날이면
외롭고 허탈하여 어쩌시려고
오는 날 손꼽아 용케 아시고
무작정 대문 앞에 서성이실까

서두른 길 행여나 멀게만 늘어져
일전부터 얼마나 기다렸을까
굵은 주름 골골마다 지친여색 담으실까
조바심 끝으로 생각들이 저민다

설레는 기다림은 순간의 훈풍으로
그저 그냥 넘치는 숭고한 사랑 앞에
감사한건 하나님 고마운 건 사위라지만
사무치게 반가운건 한결같이 딸 딸 딸

명절인지 생신인지 가물 한 기억위에
세월을 원하랴 인생을 한하랴
새벽을 기도하는 하루해가 정겹더니
넉넉한 품안으로 반기는 본상

한평생 주의 길은 불변의 진리
먼 후일 어디쯤에 이 세상 스친 흔적

붉은 해에 밀리는 노을을 보면
달구어진 가슴이 뇌리를 스친다

남새밭 초록 향기를 보면
- 선친 30주기에 부침

초록이 움터 오른 새벽꿈에는
재촉하는 가을비의 여세를 돌아
간간이 떠가는 먹구름 사이로
하늘은 가을의 공감을 드리우고
중천의 달은 이슬에 빛나고 있다

처서를 앞두고 파종한 무 배추밭에는
내민 입술 모습이 자연을 닮아서
배추벌레 흔적이 풋풋한 사랑인데
흙 향기 파릇파릇 사색을 퍼 올리니
새뽀얗게 묵혀둔 그때를 뒤척여본다

지금도 남새밭 손길 냄새가 날 때면
낼모레 선친 기일을 떠 올리게 한다
낡아서 두툼해진 손 마디마디 사이로
달빛에 옷깃이 나부끼는 것을 보니
새벽바람이 이는 것을 알겠구나

빛으로의 조화

햇빛이 세상을 비추는 까닭은
짙게 드리운 그림자 어깨 위로
고단한 세월의 정적을 깨우려
어둠을 삼키는 일이지만

달빛이 세상을 비추는 까닭은
드리운 그림자에 고요를 수놓아
도도한 풍랑이 정적으로 잠들게
어둠을 삭히는 일이다

노을빛이 수줍도록 화려한 까닭은
여울진 음양의 알 수 없는 조화로
빛과 어둠 사이 환상의 그림자가
신비의 역동으로 빠져버린 세상사

멋진 날의 추상화

세상은 근사한 별장
인생은 화려한 잔치
천지자연에 취하여
정녕 운명의 잔에
꼭 한 번만
스치듯이 빠졌다가
다시는 찾지 않을 여정인데

기왕의 빈손 나들이
흔적하나 내려놓고
건듯 이는 바람결에
물 흐르듯 가는 인생
세상사는 논리의 지혜란
어느 멋진 날의
철부지 소꿉장난이런가

4부

안개꽃의 배려심

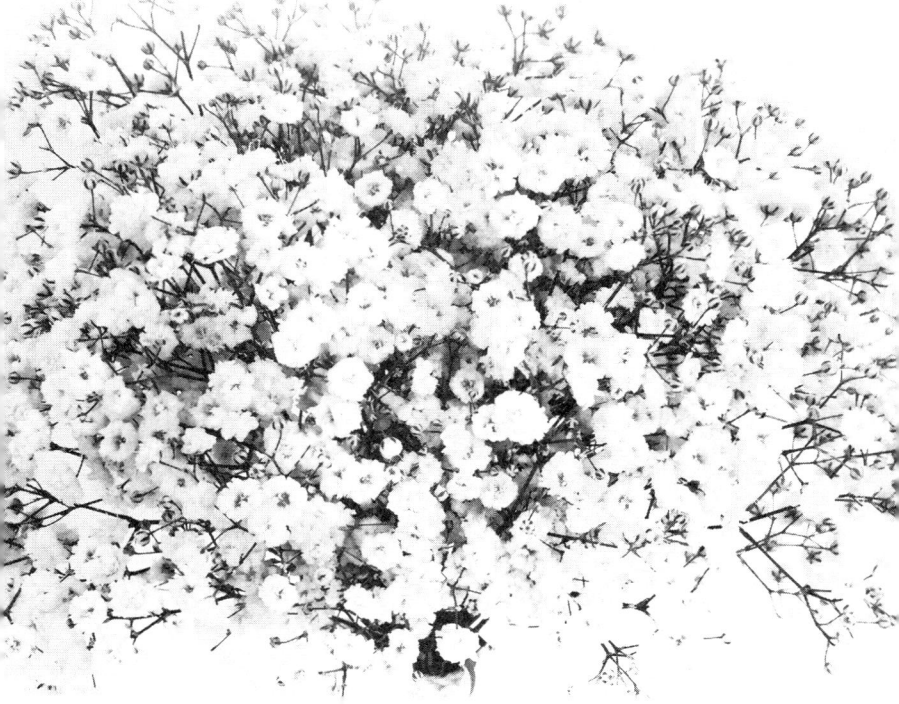

단장하는 봄

오늘같이 비가 내리는 날이면
행복을 무척 그리워하다가
어렵사리 편지를 쓰고
전할 수 없는 안부를 물었지요
지금 창밖에는
봄을 재촉하는 단비가
물결의 조류에 힘입어
어련히 내리고 있네요
좌불안석이던 날들은 녹아서
저마다의 소망을 단장하고
미움도 시기도 지축을 깨우며
손 내밀어 단비를 맞으려 합니다
멀지 않아 봄날이 햇살 뿌리면
봄을 갈망하던 한겨레를 위하여
작은 걸음 하나에도 애착하며
꽃향기 적이 만발하겠지요

봄비 쏟아지는 날이 있은 뒤로
자유와 평화는 꿈에서 깨어
가만히 시기를 흔들어 놓으려
눈물이 겹도록 가슴을 적시며
봄 오는 소리에 귀를 세웁니다

달빛의 초대

정월 보름날
달빛의 초대를 받았습니다
꼭꼭 눌러 담은 오곡밥을 비웠습니다

궁리의 내막을 물었습니다
달빛의 그녀가 피식 웃습니다
왜 웃느냐고 하였습니다

듬성듬성 흰 구름이 스치는 날에는
이유도 없이
세월의 상상 속이 그리울 때가 있습니다

노을빛 그대에게

서투른 촌티의 향기에 겹도록
추억어린 순정의 고백이란
지금도
사랑하므로 행복하다는 뜻이다

아련한 무채색 설렘에 대하여
바람 편에 띄우는 그리움이란
아직은
사모하므로 행복하다는 뜻이다

잔잔히 떨려오는 노을빛 클래식에
사색을 드리우는 소박한 숨결이란
언제나
상상만으로도 넘치는 행복이다

한결같은 감사의 세월에 대하여
한 통의 안부편지를 쓴다는 것은
기어이
잊어야만 할 보람인지도 모른다

노을이 행복한 이유

어떤 사람은 나를 보고
어르신이라 하는데
어떤 사람은 나를 보고
노인네라 하네
아주 틀린 말은 아니니까
누가 뭐라 한들 나는 괜찮소마는
만약 내가 그들을 보고
지각없는 사람이라고
속으로 나무라기라도 한다면
세상은 나에게 서운하다고 할 것 같다

아름다운 저녁놀의 행복을 보라
사람 사는 도리가 어우러져서
노을을 설계하는 상상만으로도
긍정의 생각들이 걸출한 길을 내니
저녁의 삶에도 든든한 꿈이 있고
늙은이 사는 맛이 절로 우러나니
삼켜버린 세월마저 향기로운데
만약 내게도 한 조각 울림이 남아있어
세상사는 한 줄기 작은 빛이라면
이 얼마나 향기 나는 행복인가

허무를 풍류하며

무엇을 노래할 것인가에 대하여
기어이 펼쳐야만 하는 열정이기에

벌 나비도 무심한 향기를 담아
여기 늙은 청춘의 곡예를 노래하노라

내가 10대에 시를 만났더라면
절절한 첫사랑에 대하여 노래했을 것이오

내가 20대에 시를 만났더라면
끓는 피에 대하여 노래했을 것이오

내가 30대에 시를 만났더라면
불타는 과욕에 대하여 노래했을 것이오

내가 40대에 시를 만났더라면
당당한 진실에 대하여 노래했을 것이오

내가 50대에 시를 만났더라면
화려한 장식에 대하여 노래했을 것이오

인생 60질에 스치듯 시를 만나보니
붓 끝은 가을 풍요의 생각일 뿐

향기 없는 자연의 감성이요
장난어린 뜬구름에 다름이 무엇이랴

새벽노을의 길목에 서서

고목의 쉼표에 스며드는 안개 그림자
바람의 끝으로 흐르는 세월
노을 진 벌판에 밀려오는 격랑
모정慕情의 갈증 잔잔히 젖어든다

허한 마음 저편에 어둠이 드리울 때
서녘의 삶이 애타는 사랑은 어찌하랴

아스라한 전설에는 동경의 세상
뿌리가 있다는 것은
가지와 잎의 서린 혼이런가

붉은 태양이 언덕을 지나 지평선 너머로
새벽을 맞으면 노을빛은 언제나 아름답다
나도 또다시 새벽노을이 되어야지

삶의 풍경

하루 종일 배를 깔고
왕눈을 껌벅이며
무슨 생각이 저리도 많은 걸까

속으로 삭히다가
우물우물 되뇌이며
무슨 고민에 저리도 골몰할까

간간이 훌치는 꼬리 바람에
화들짝 놀라 뒤척이는 쇠파리
외양간 세월이 마냥 한가롭구나

계절의 약속

너와 나의 약속은 믿음보다 철칙이고
만남보다 운명 인가하면
의지보다 긴한 숙명이었지

세련된 매력과 넘치는 미모로
붉게 타는 꽃이었다가
애타는 설렘은 터질듯이
가을 익는 열매가 되고
햇살이 빗어낸 미풍의 손길어
오색 빛 물 오른 단풍이 되니

수줍은 만남이고
넘치는 사랑이고
의지하는 믿음이다가
먼 후일 텅 빈 여운일까

서리꽃 계절을 머리에 쓰고서
때로는 추억의 순정이 못내 그리워
뜰 앞마당을 서성일 터이면
가끔은 흔들리는 자존심 때문에
나약해 보이는 헛기침 소리
어쩌다 붉은 정이 낙엽으로 영근다

단풍터널을 지나며

다소곳이 익는 가을 덤불길을 지나
골골이 물결 타고 단풍들 무렵
화려함이 가득한 시절이라 하여
시름 잊은 몸으로 누르도록 버티다가
저무는 갈 빛에 외로움이 역력하다

뒹구는 낙엽의 쓸쓸한 몸부림이
애써 떨려오는 감성을 추스르다가
찬바람 스치는 억새들의 노래에
고뇌하는 미련이야 있을까 마는
잃어버린 시절의 향기가 아련하다

단풍 저물어가는 하늘에 대하여
허허로이 스러지는 낙엽소리에도
바람이 차면 봄이 가까웠음이니
신비의 울림을 간직한 세월 속으로
한철이 순간이니 백 년이 꿈길이더라

버려진 야생화

언제나처럼 무심결로 스쳤는데
그야말로 우연히 무심결에 잠겨보니
유별나게 억척스런 몰골은
향기마저 뒤안길로 날아갔는지
불러주는 이름조차 무료한 꽃

길섶에 지쳐버린 야생화라 하여
거칠한 피골이 엉뚱하게 보일지라도
켜켜이 베푸는 사랑의 꽃이었으련만
거룩한 사설을 엮어 보려던 그 세월
구가하던 시절이 어찌 없었으리오

버려지는 무관심속 외로운 독거노인
아늑한 토종 내음마저 버거운 절규
화려함이 구차하듯 옹골차던 모습도
설워할 여력인들 부러움의 사치인양
그리움이 슬슬하여도 소침하지 않는다

안개꽃의 배려심

새벽이 신선한 안개로 피어나서
한사랑 아늑한 그리움을 달래려
누구라도 주연이 되어준다면
한없이 품어주는 배역이 되어
은근한 청순미로
언제나 설레게 하는 꽃

혼자서는 외로워서 새벽안개엔
청초함이 자늑자늑 피어오르고
꽃다발 아름드리 가슴이 되어
낯 설은 그대 살포시 품으니
하나로 어우러져
언제나 돋보이는 꽃

꾸미지 않아서 화려한 속을 두고
누구도 알 수 없는 꽃이라 지만
그대가 주연이면 당신은 배역이니
서로는 진정으로 해맑은 사랑이라
안개로 자욱한 모둠이
언제나 어울리는 꽃

자연과 더불어 사는 인생

어스름이 물려주는 새벽의 자리에
자연이 무상한 것은 생존의 법칙이니
갈잎 떨어질 때 그럴만한 시련이 있고
새벽이 차갑도록 맑은 까닭이 있으련만
산고 없는 계절이 어디에 있으며
사연 없는 여정이 어디에 있으랴
우연으로 왔다가 산천을 섭렵하고
자연을 돌아서 필연으로 드는 인생
길은 서럽도록 아름답고 험할지라도
태조의 본질은 그대로이건마는
봄이 왔으나 봄 인줄을 모른다면
계절의 향기는 불설에 한숨 지나니
새벽을 기다리는 노고는 어찌할까

시내가 산을 타고 흐르면
산은 내속에 들어와 있고
물소리 새벽 골자기를 깨우면
노을빛 물들어 영롱한 이슬방울
자연 더불어 감성이 넉넉할 진대
인생길 그런대로 외롭지 않다는 증거다

노을 진 강 언덕에서

흐르는 구름에 비낀 구릿빛도
어느새 하얀 석양꽃 풍성한 시절

아쉬움에 졸이는 꽃내음이
애타도록 한가로운 그리움

곱게 물들어가는 햇살 너머로
갈피갈피 내려앉은 그림자

못내 아스라한 꿈을 향하여
절절이 밀려오는 파고를 타면

새벽을 마중하는 설렘으로
외로움이 익어가는 노을빛

동으로 떨려오는 아침의 파장은
저물어가는 정열을 닮아서 붉다

추일秋日 사색思索

눈 익은 한 점 수채화에는
고부의 가을타는 물결 향이 도탑다

한 올 한 올 채색의 파장에는
자재도 이길 수 없는 여운이 흐르고

근사한 삶의 손끝 산실에는
갸륵한 풀꽃 사랑이 그칠 줄 모르고

자욱이 분출하는 필연의 숨결에는
미묘한 서정이 시어들을 발산하고

자국자국 우러나는 미덕의 향기에는
공허의 늪으로 넋 잃은 바보가 되고

지성과 미모로 도도한 여백에는
커피 잔이 식는 줄도 망각하고

시월의 마지막 낙엽

빛을 품다가 홍조마저 누르도록 창백해진
너의 가련한 외모
혹독한 시련으로 떨려오는 미동에도
너의 화려한 미소
듬성듬성 벌레 먹은 창으로 허공을 곡예하는
너의 앙칼진 몸부림

해맑은 계절로 붉은 혼 사르다가
갈 빛 고백마저 외롭게 스러지는 몸이라
애석해하거나 서러워할 것도 없다

발길로 채이다가 썩어문드러진다 한들
너의 자취 주섬주섬 세실로 엮어
불멸의 생명을 노래하지 않느냐

마지막 타오르는 순간의 숨결까지도
너의 날렵한 아름다움을
신화로 조각하지 않으려는 이 어디에 있겠느냐

을숙도 소풍에서

바람의 입김으로 피어선
철따라 시공을 넘어서
안식 찾는 자연의 아이야

욕심이 가난하여
세상 다 가진 듯이
을숙도의 야생들아

자유에서 방랑까지
부족한 것 하나 없으니
너희는 진실로 부자구나

가족소풍 왔다가
영혼의 사유를 얻으니
인생사 비로소 알 듯 말 듯 하구나

별의 가슴이 되어

가슴에 별이고 싶다
자만이나 자랑이 아니라
말없이 배려하는 별이고 싶은데
가슴이 모습을 능가할 수 있을까
아무렇게나 버려져도
꿈꾸는 별은 아름답겠지

구석의 빛이고 싶다
화려하거나 거창하지 않으면서
어둠을 살피는 빛이고 싶은데
관심하나 가지려다 그렇게
절대로 빛나지 않아도
가슴에 빛이라면 행복이다

낭만을 꿈꾸고 싶다
동경과 환상을 누리는 세상
주체할 수 없는 사랑이고 싶은데
어느 별의 가슴으로 빛나고 있을까
은은한 향기를 부둥키는 마음속
별이 심장을 끓이고 있다

별의 상처

신의 경지는 가히 신비롭기만 하다
능히 못하는 일 하나 없으면서
시원하게 되는 일도 없어 보인다
가끔의 실수를 즐기는 문화도 보니까
별들은 빛이 서럽도록 뜨거워야 한다
헤일 수 없는 천차만별 중에서도
금빛 찬란할 때라야 별로서 별이 되고
벅차도록 치열하게 아름답다가도
빛이 바래면 뒤안길로 추락하지만
다시 태어나는 속눈물이 미어진다

무엇을 위한 누구의 무대이기에
눈물의 빛은 매섭도록 아름다워야 하며
장인의 손길에 처절하리만치 미쳐야 하는가
황금 종 울려야만 하는 감내의 회환에
위대한척 은밀하게 찬비가 내리면
금빛 찬란한 추위에 떨어야 하는 me too
소름이 끼치도록 끓는 심장이거나
내막에 박힌 흉계의 검은 손이거나
불게 타오르는 야생의 주린 시야에는
순종하므로 빛나야만 하는 별이 비참하다

싹의 소질에 화관을 씌워주겠다더니
노력의 눈물에 울림이 터지게 하고
영예의 빛으로 거리를 누리게 하겠다더니
별의 빛은 비애로 고민에 휩싸이고
볼수록 괄목할 능력의 지혜는
감탄할 매력이 참 깊은 것 같으면서
탈의 얼굴이 무척 씁쓸한 뒷맛으로 남아
왠지 가련해 보이는 까닭은 무슨 놈의 조화인가

홍시

세상일 겪다보면
누군들
지은 감정
어찌 없다 말할 수 있으랴

세파에 시달리다
겨움에 쓰린 양심은
원초적 감미마저 잃고

저리도 붉다 못해
속조차 허물어지고 마는
여리도록 아픈 일생一生

5부

꿈의 메아리

어느 주말 아침의 상념

그 춥던 어느 해 겨울
고백의 지면 위를 또박또박 눌러
포근한 사랑을 펼쳤던 무게로
운 좋게 심사의 공감을 얻었건 날
정성어린 향기 가득한 초대장에
감사로 들뜬 마음을 날인하고
풍성한 잔치에 참석한 기억이 있다
유학간 아들은 어떻게 생활할까
옷은 따시게 입고 지내는지
사랑보다 담담한 통신을 띄우고
그립고 안쓰러워 가슴 졸이던 날들
조석으로 불안이 혼돈하던 그 마음
세상사는 어머니 마음이겠다
따끈한 그리움이 생각나는 즈말
마음 한켠 잠자던 옛 그림이 떠올라
나만의 짙은 상념에 잠겨 보는데
생각하면 모두가 허전한 세월의 무게
잃어버린 봄날이 억세게 그리워진다
인생은 참 간사한 이야기 소절로
바람에 날리는 한 조각 구름인가 보다

의미

적적히
공원길을 산책하는데

세 살배기 아이는
갖고 놀던 풍선을 터뜨렸다

할아버지 놀랬자나
엄마의 한마디에

앙증맞은 아이는
솔직담백한 울음을 터뜨리는데

속으로 미안해서일까
믿었던 엄마가 섭섭해서일까

이도저도 아니면
엄마의 풍치는 소리에 놀라지는 않았을까

그나저나
그 아이 엄마는 어떻게 알았을까

내게도 돌 지난
재롱배기 외손녀가 있다는 것을

살며 생각하니

무엇을 사랑한다는 것은
어딘가에 뜨거운 피가 흐르고 있다는 말이다
뜨거운 피가 흐른다는 말은
울렁거리는 가슴이 있기 때문이다
가슴이 울렁거린다는 것은
설렘이 파동을 일으키는 까닭이다
설렘이 파동을 일으킨다는 것은
피가 끓기 때문이다
피가 끓는다는 것은
아직은 청춘이라는 말이요
청춘은 언제나 희망을 먹고 사는 것이다
희망을 먹는다는 것은
심장이 뜨겁게 뛰고 있는 까닭이니
심장이 뛰지 않는 생명은 어디에도 없다
그러니까 살아가면서
희망 하나쯤 없는 사람 어디에 있을까

그러므로 산다는 것은
언제나 청춘이라는 말이요
청춘은 희망이라는 말이요
희망은 사랑이라는 말이요
사랑은 행복이라는 말이니

무엇을 사랑한다는 것은
행복이란 인생의 즐거운 비병이다

* 기해 9월 19일(목) 아침

기왕의 인생인데

피안彼岸의 이상을 향하여
실질의 구도를 구가하다가
신선이나 되어볼까

구원의 손길을 믿는 구석이
교회당 문턱을 서성이다가
골고다의 십자가를 붙들라 하네

양심도 사상의 구속인 까닭으로
자유를 버리고 살겠다는 것은 아니지만
초자연을 믿으려는 심장의 눈망울에는
현실의 영속에 안주하려는 작은 창 하나

하나님은 언제나 간절한 소원을 들어주시는
철학의 믿음을 주시니까
진리의 진실을 믿을 때가 이르기를
소원한다면 바른길을 인도하시리라

오직하면 하나님도 자식의 손을 뿌리치고
구도의 길을 걸으라 하실까
하나님께 감사하며 의지하려는 파고가 저미어 온다

다스리며 사는 인생

감정이 아름답다는 것은 관계가 돈독하다는 증거니
더불어 의지하므로 좋다는 뜻이다
모든 생명들이 그렇게 살아가는데
갈지之자字 인생이 너무 겨워서
아름답다 말하는 이 하나 없다면
욕심이 넘쳐서 그런 거란다

감정이 저미어 내린다는 것은
아름다움이 깊다는 증거니
진리가 꿈틀거리고 있다는 뜻이다
공생은 자연스런 관계의 현상인데
섭리 앞에 무엇을 탐할까 마는
바람 아니라도 흔들리는 세상길에
간섭으로 길들여진 현실이 슬프다

지구는 변해도 본질은 영원한 것
진리를 비틀어서 깨우려 하지 마라
불편한 간섭은 없느니만 못하고
충돌은 탐욕에서 비롯되느니
이해의 작용으로 변화 발전한다
세상 빛이 아름답게 보이려 하면
먼저 나를 다스리는 관계에서 시작하라

산다는 것은

때때로 구름이 비를 내리고
다시 태양이 살 속을 쬐이면
살뜰히 익어가는 계절은 바쁘다

쌓이는 낙엽의 숨결소리에도
계절을 파고드는 생명의 본능은
뼈 속 뿌리 끝까지 한들거린다

지난봄 무성한 꿈에 비하여
튼실한 씨눈을 틔우기에는
부족함이 서럽도록 많았을까

가을 깊은 어스름 들길을 걷자니
언젠가 물려주어야 할 자리에는
계절의 낭만도 아쉬운 듯 스치다

살다보면

산이니 물이니 떠들지 말거라
바위가 고상한들 세파에 깎이지 않더냐
하품도 거짓말 할 때가 있고
기뻐도 눈물이 날 때가 있는데
세상길 걷다보면 무슨 일이 없겠는가

한숨 크게 쉬지 말거라 땅 꺼질라
실없이 어리석은 염려가 아니더냐
스치는 바람도 사연이 있어 닿는 것이고
떨어지는 낙엽도 뿌리로 돌아와 눕는데
억장이 무너진들 내려앉을 곳 없겠는가

꽃이 시들어 보이면 가슴이 아프지만
향기가 거슬리면 생각이 거칠어진다
눈을 감으면 관심조차 지친 인생
상처가 고마워서 감격하기도 하고
그리움이 안쓰러워 사무칠 때도 많더라

길이 되고 싶다

인생에는 헤일 수 없는 갈래길이 있습니다
되돌아갈 수 없는 길이기에
끝없이 멀어져만 가는 느낌으로
저마다 운명의 선택을 맞이하나
누구도 가지 않은 탐험의 간두에서
헤쳐야만 하는 고난의 여정이기에
운명은 언제나 예사롭지 않습니다

이성의 사유에 젖은 갈등의 깊이는
계절을 속삭이는 바람의 결에
언젠가는 묻어야만 하는
여린 미소며 아쉬운 미래요
기어이 알 수 없는 숙명이라서
세상 어디에도 길 아닌 것이 없는
또 다른 묘약의 아름다움입니다

선택되어져야만 하는 운명 속으로
한사코 주어진 길을 걷다가
미지의 갈래길을 만나면
새벽을 두드리는 누군가를 위하여
물려주어야 할 신비를 남겨드고는

토대 위를 묵묵히 걷습니다
언제인가 누군가로부터 그랬듯이
나도 누구에게 길이 되고 싶습니다

꿈의 메아리

외모로 보아서는
골 깊은 주름이 골병깨나 먹은 듯이
강풍에 스러진 잇몸과 치아로 양 볼은 함몰되니
어렴풋이 중반을 훌쩍 넘긴 청년의 모습이다
거나한 알코올 향과 역겨운 분내음이 엉키어서
주위를 어지럽게 하는 행색을 보아하니
천상에서 떨어져 오갈 곳 없는 속앓이로
신심의 초점이 시름시름 방향을 흐리게 하여
영락없는 상걸인이 되었으니 자학의 표상인 듯
세월의 밤이 깊으면 어느 역사에 기대어
바람의 나래를 접을 모양새이더냐

왼손은 하박에 이르도록 반 깁스붕대를 하고
오른손에는 몇 장의 지폐가 쥐어져 있고
깁스붕대 속에는 고액권 수표 몇 장과 지폐들
잔머리 하나는 재주꾼 냄새가 난다
취객행세에 의지하여 신세타령이라도 퍼붓듯이
 앞뒤도 조리나 격식도 없이 투박하게 텀벙텀벙 던지는 말들이지만
 은근히 툭툭 쏘아붙이는 서릿발 언사가 가슴을 찌르는데

분해와 조립으로 퍼즐을 맞추어가며 완성도를 스케
치할수록
  슬픔과 아픔과 절망과 분노의 쓰라린 애환 속으로
  무엇 하나가 아쉬운 듯
  미련과 스릴이 감정의 정공을 처부순다

  공정의 탈을 쓴 허물들이 권위를 앞세우며
  평등의 거리를 미친 듯이 활보하고
  시속 몇 마일의 트릭으로 유유히 자유여행을 하며
  적절한 기법으로 어둠을 즐기고자하는 술수에 대하여
  험한 세상 노숙인의 한줄기 빛이고자
  항거의 내심이 깊숙이 박혀 똬리를 틀고 폭발할 기
세다
  질서와 평등의 권리를 향하여
  혼탁한 문턱을 넘나들며 울부짖는 삶의 분노
  현주소를 직시하지 못하는 어리석은 방식의 표출
  노숙자의 겨울밤 내기는 얕으나 높으며 길기만 하다

허울 좋은 악마

악마를 좋아 하다니요
세상에서 가장 추한만큼
가장 강해져서
가장 위대한 척 보이는
그를 사랑하지는 않으나
세상모두가 그를 좋아하니까
나는 지극히 그를 싫어하는데
나의 삶이 그를 좋아한다
그러므로 사랑을 해야 하다니요
사는 게 뭐냐고 하면
요사악마가 무엇이기에
사랑은 아무래도 슬픈 인연이다

빈부귀천이 헛된 뜬구름인데
돌고 돌아서 찾아오면
버리고 싶도록 정색을 하며
무한정 찢어지는 가슴을 끌어
싫은 만큼 적당히 좋아해야 사는 길
부귀의 척도라서 슬픈 길이라지만
생각하면 할수록 길들여진 종의 길
뒤틀려서 아려오는 상처가 깊으니
회오리치는 바람의 세상이 아픈데

버리고 싶은 만큼
부질없는 사랑의 노예가 되어
허구의 슬픈 사랑을 한다

현재는 신비의 한 수

서로는 면을 마주하여 예를 다한다
다소곳이 주먹을 올려놓고
흑백의 주문이 떨어지고 나면
주어진 험로의 법칙을 응시하며
약간의 시간이 명상을 스친다

흑과 백의 논리 정연한 주장
반론에는 반론을 거듭하는 격론
판단의 착오로 유인하는 트릭
겹겹이 요새의 망을 투여하고
초점을 돌려 세우는 술수를 던진다

최후의 승리를 얻기까지
집을 짓고 길을 내는 와중에도
살기위하여 네모반듯한 방을 다듬고
임시거처를 빼기도 하고
최소한의 포로와 자폭의 참사도 있다

흑백의 논리가 펼쳐지는 진동에는
가끔씩 초침 읽는 소리가 들려오고
피 말리는 가슴이 생목숨을 동이다

사선을 넘나드는 유별난 놀음에도
미래의 지표를 열어가는 인생험로

절묘한 형세의 정복을 위하여
시간에 쫓기는 전투를 하다가
죽어가는 것들이 들려 나오면
갈등의 심리가 안절부절 못하고
세월을 던지려는 경우의 수는 비참하다

현재는 언제나 가장 신비의 한 수
공활한 무대에 은빛 바다가 던져지고
긴장의 거리에는 돌의 가슴이 출렁이고
무궁한 묘수를 읽는 시간이 전개되는데
신선神仙도 기다리는 새벽별이 저물어간다

빛이기를 노력하는 삶

순간과 순간 사이를 반짝이며
소박한 별 하나가 길을 스친다
망설일 여지도 없이
바람결에 떨어지는 파편이 노리에 박혀
나이가 시절을 돌아보게 한다

오래전 언젠가 꿈에서 만났던 몇 갈레
어둠의 길을 놓고
입지立志의 수셈을 읽어가는 사이
선택의 신념에 용기를 세우지 못하여
혼돈의 타래를 놓치는
순간이 걷잡을 수 없이 지나고
좌표는 저만치 되돌릴 수 없이 흘러
기억의 체험을 지워가던 갈림길
고개를 돌리면 한낱 아련한 꿈의 여운
가시밭을 헤치며 언덕을 넘고 골을 지나
발아래 세상인 삶을 섭렵하려면
누구나 한 번쯤 맛보는 길 일는지도 모른다

가슴에 열린 창 하나 내지 듯하는
인생은 가련하다
부족하므로 비워내고 가짐을 내려놓으므로

빛이기를 노력하는 삶이라면
인생은 그저 감사한 길이다

그 시절 생각은 그랬지

언제나 한두 음절의 지각에는
디테일한 가슴을 켜켜이 숨겨두고
애타는 기다림이란 관심마저 무딘 척
은근히 거침없는 애정의 청순미랄까

클래식한 감성을 바탕에 깔고
자연의 감각을 로맨틱하게 끌어
꽃피던 사랑이 돋보이게 하는 심상
포인트의 독보성이 뜨거운 시절이었지

5분의 매력은 나에게 애교였고
10분의 애교는 마음을 꿰었었지
30분의 기교는 혼돈을 일으켰고
60분의 미련에는 한생을 엮었다

'시간은 항상 여유롭게 잡아서 움직여야 실수가 없다'는
아내의 한마디가
내 할말 대신해주는 수준을 넘어
가는 귓속을 의심케 하는 나이
자칫 졸도할 고마움의 고민이 아닌가

오늘 아침은 내가
존재하고 사유하는 이유를
처음으로 알았던 날인 것 같다

황혼의 소망

꿈마저도 허물어져야 하는 윤리
상상을 넘어 근원도 없는 신조어들이
하루가 무섭게 자화상을 바꾸고 있다

도로변 주차장 관리하는 아저씨도
지하철 출구에서 붕어빵 굽는 아주머니도
꿈을 설계할 심장이 뛰고 있다면 살만할까

하루 종일 배회하며 폐지 줍는 할아버지도
재래시장 노상에서 산나물 파는 할머니도
의지할 저녁의 삶이 찾아온다면 행복할까

종합병원 약봉지 허리춤에 부여잡고
석양을 걷는 앙상한 뼈의 서러움이라하여
삶의 그림자에 보람의 잔상즈차 없을까

달동네 단칸방문 앞에 낡은 고무신 한 짝
외로움이 새겨놓은 황혼의 안식처인데
막돼먹은 효심의 피난처 보다야 든든할까
아무리 잃을 것뿐인 황혼이라 하지만
누가 뭐래도 당당한 권리가 있으니
강건한 신념에 소망의 싹이 자라고 있다

추억의 세레나데

달빛과 나란히 골목길을 걸으면
첫사랑이 그리울 때가 있다
떨리는 듯 잦아드는 발자국소리
살며시 창가를 서성이다가
달빛 쏟아지는 창문너머로
혹여 외면할까 지레 두려움에
우연인척 오가는 눈길 엿보며
애써 추스르는 첫사랑 모습이란
달빛에 걸어놓은 연분홍 설렘
못 본체 하느니 어쩌다 돌아볼까
실없는 기대에 붉어지는 눈시울
그리움은 시가 되고 노래가 되어
사랑의 세레나데를 부르곤 했지요

달빛이 흐르는 창가를 거닐자니
은근히 애태우는 정열의 연분도
손끝에 묻어나는 추억의 향수도
한 폭 그림으로 생생히 피어올라
가던 길 멈추고 젖어보는 세레나데
다소곳이 수줍던 시절이었지

산책길에서

물안개 자욱한 강둑길을
자연과 나는 말없이 나란히 걷다가
무슨 생각이라도 있는 것처럼
아련히 구비진 길을 뒤돌아본다
떠가는 구름이 옛일을 어찌 알까
소침한 발길은 요량 없이 부산하다

강물은 주야로 흘러들어도
본질은 언제나 변하지 않고
산천은 세월을 간직한 채로
세상품은 내력을 알 것도 같은데
길은 있으나 앞은 잘 보이지 않으니
먼 후일 기력의 고뇌에 찬 침묵

무심코 펼쳐보는 지폐 속에서
과거의 숨결은 말없이 빛나고
미래의 무게가 처연히 숙연하다

기다림

첫사랑이 수줍은 거리에서
클래식한 감정이 꿈틀대는 것은
내면의 순수만은 아니다

이루지 못하는 까닭이기에
아름다운 기억으로 간직하는 것은
첫사랑의 그리움뿐이 아니다

소롯이 어리는 울림이기에
시인의 손끝으로 묻어나는 것은
아슬한 가슴만이 아니다

계절의 고비마다 빛깔이 익어
가쁘게 흔들리는 자락의 매력
기다림이란 그렇게 설레는 것이다

생각은 여울을 타고

건듯 이는 바람결이 계절을 돌아서
호수를 흔들어 놓습니다

강산江山의 구겨진 운명을 추스르고
초야草野의 순수이념을 사르던 표상은
유열遺烈의 자태로 노을져 흐릅니다

빛으로 드리운 평온의 융단을 걸어서
우주를 품어 사랑이 넘치는 소망의 나라
행복의 빛이 호수에 반짝입니다

동산이 평화로운 줄 모를 리 있으랴 마는
정녕 종교로도 알 수 없는
태초의 아름다움을 초연히 그려봅니다

아늑한 무덤가 흙 향기 의연하니
호수를 내려놓고 바람결에 잠깁니다

작품 해설

필연성 존중과 내적 환경 관찰의 시학

김순진 (문학평론가 · 고려대 평생교육원 시창작과정 교수)

<작품해설>

필연성 존중과 내적 환경 관찰의 시학

김순진(문학평론가 · 고려대 평생교육원 교수)

'무엇이 중요한가?'라는 질문이 있다. 우리 인간에게 무엇이 중요할까? 잘 먹고 잘 산다는 말은 무슨 말일까? 집을 번듯하게 짓고 풍족하게 사는 것이 과연 잘 사는 길일까? 자식들 잘 길러내고, 욕 안 먹고 두루두루 잘 사는 것이 과연 잘 사는 길일까? 나는 그 점에 의문을 가진다. 인간이 생로병사를 순리대로 잘 거치며 사는 것은 매우 중요한 일이긴 하다. 그렇지만 인간은 무엇인가 나를 위한 행위를 하며 살아야 한다. 그것이 음악이든 미술이든, 공예든 조각이든 후세에 남겨줄 무언가를 위해 노력하여야 한다. 흔히 우리는 호랑이는 죽어서 가죽을 남기고 사람은 죽어서 이름을 남긴다는 말을 한다. 그러면 과연 보통사람은 죽어서 이름이 남길 수 있을까? 집을 여러 채 가진 사람은 이름을 남길 수 있을까? 땅을 수천 평 소유한 사람은 이름을 남길 수 있을까? 이상하게도 그렇지 못하다. 사람이 죽거나 죽음에 이르기 전이면 상속이라 해서 자식들에게 등기를 이전해야 한다. 그리고 자신의 이름을 방법은 없게 된다. 그런데 시집을 내면 적어도 국립중앙도서관과 국회도서관에 납본되어 영원히 보관된다. 그리고 적게는 500권부터 1,000권씩 발행되는 책은 수많은 사람들의 집 책장에 꽂히게 되고, 그 집에서 또다시 새로운 삶을 살게 된다. 그리고 좋은 시는 책을 선물받은 사람의 가슴 속에서 살게 된다. 그래서 우리는 예술을 하는 것이다. 흔히 인생은 짧고 예술은 길다고 말하는데, 그것이 그런 뜻이다.

  나는 김재수 시인과 꼭 한 번 만났다. 10여 년 전 쯤 내가 운영해온 산청 천상병문학제 때 그가 참석해주셨는데 그때 그를 만난 기억은 지금도 선명하다. 준수한 외모와 깎듯한 예의, 그리고 서글서글하면서도 예리한 눈매에서 나는 그가 범상치 않은 사람임을 직감할 수 있었다. 그리고 10여년이 지났는데 그가 시집을 내겠다고 원고를 보내오셨다. 나는 보통 시골에 살며 시를 쓰는 양반들의 시적 수준을 알기에 그냥 소일꺼리 정도로 시를 쓰셨거니 했다. 그런데 시집 원고를 받아서 읽어보니 눈이 번쩍 뜨였다. 사람이 범상치 않았음을 일찍이 느꼈지만, 그의 시적 수준이 이렇게 고매하리라고는 생각지 못했기 때문에 깜짝 놀랐다. 어떻게 시창작 수업을 해서 이 정도까지 수준을 끌어올리셨는지 모르겠지만, 그의 시에는 매우 효과적인 시창작 방법들이 동원되고 있었다. 그는 자연에게 길을 묻고, 배우며, 답하는 등, 나름의 공식을 터득하고 설정해 시를 쓰고 있었다. 체계적인 시창작 수업을 받지 않은 사람이, 게다가 정식 등단 절차도 거치지 않은 사람이 이 정도까지 수준을 끌어올릴 수 있었다는 점에 나는 놀라움을 금치 못했다. 그는 남들이 간과해버리는 일상에 대하여 늘

의문을 가지고 살고 있어서 치과에 가서 임플란트를 하면서도 세종대왕의 한글창제 제자원리를 생각하고, 깨진 트로피를 보면서 자신의 마음을 조각조각 이어붙이는 사람이었다. 그리고 그는 은유를 잘 형성해내는 기법을 아는 사람이어서 '구절초를 닮은 어머니'나 '구절초 같은 어머니'라는 서술이나 직유의 방식이 아닌 '구절초는 어머니다'란 은유 개념을 잘 이해하여 즉 '구절초 = 어머니'를 직류시켜 '구절초어머니'란 은유를 생산하고 있는 것이다. 그럼 이쯤에서 김재수 시인의 시 몇 수를 읽어보면서 그의 문학세계를 들여다보자.

몰이 잡이 털이 내음이 어울진 대변항
광장 중심에는 국경도 거침없는 삶의
은빛 기상을 엿보게 하는 멸치들의 조형
향기 뭉클한 설렘의 아름다움이며
하늘이 내린 구릿빛 이름이 아니던가

대변항에 사월이 오면 물비늘 바라보며
갈매기 배회하는 자연풍광을 무대로
마파람에 까무잡잘한 바다를 배경으로
후려치는 안무 끝에 춤추는 멸치들의 향연
반짝이는 은빛 날개 장관을 펼친다

그들만의 오랜 타성과 타고난 재능
봄 타는 줄도 잊은 그린나래 군무
은물결 조각 여지없이 풀어내니
겨우내 얼마나 갈고 다듬었을까
구름떼 모꼬지도 물결을 이룬다

성미 급한 몇 놈은 제풀에 못 이겨
마지막 혼신을 던지는 품격인양
자연산체질이 톡톡 튀는 곡예를 하며
소담한 모습으로 구미를 흔들어보는데
달보드레한 육질이 환심을 끌어낸다

온몸으로 반짝이며 모든 걸 내어주는 멸치들에게
사람비린내 풍기며 살 수 있는 길을 묻는다
- 「멸치에게 길을 묻다 - 대변항 멸치축제 소고」 전문

 기장 사람들에게서 멸치를 빼놓고 이야기한다는 것은 어불성설이다. 이치에 맞지 않는다는 말이다. 기장멸치는 기장미역과 함께 전 국민의 가슴속에 살아있는 먹거리다. 바닷가에 위치한 기장사람들은 태어나서부터 멸치를 먹었고 보았으며 함께 살고 있다. 그 비릿한 냄새는 마치 사람 사는 냄새와 일맥상통하여서 기장사람들에게 멸치를 빼놓고 이야기한다는 것은 있을 수 없는 이야기다. 시인은 멸치에 대하여 '몰이'와 '잡이', '털이'와 '내음'을 먼저 들고 나온다. 우리 인간이 인생을 살아가는 방법의 사칙연산 같은 말이다. 그러면 김재수 시인이 왜 "몰이, 잡이, 털이, 내음"이란 네 가지 방법을 먼저 말하고 있는지 살펴보자. 우선 인생은 '몰이'가 있어야 한다. 즉 자신이 좋아하는 방향으로 좇아가야 한다. 예술로 말하면 시를 좋아하는 사람은 시를 좇고, 그림이 좋은 사람은 그림을 좇으며, 음악이 좋은 사람은 음악을 좇는 것이다. 직업으로 말한다면 무엇을 만들기 좋아하는 사람은 공업이나 농업을 해야 하고, 사람을 좋아하는 사람

은 상업을 해야 하며, 수렵을 좋아하는 사람은 어부가 되거나 사냥꾼이 되어야 한다. 두 번째로 인생은 '잡이'가 있어야 한다. 말하자면 생산성이다. 아무리 좋아하는 직업이라 할지라도 생산성이 없으면 지속하기 어렵다. 시인이 세인들로부터 푸대접을 받는 이유는 귀에 딱지가 않게 들은 이야기지만 "시를 쓰면 밥이 나오느냐, 돈이 나오느냐?"가 관건이다. 결과적으로 시인은 돈을 못 번다는 이야기지만, 다 그런 것은 아니다. 시인이 돈을 벌지 못하는 이유는 '털이'를 잘 못하기 때문이다. 시인으로 들어서면 시인이 할 수 있는 일, 즉 시만 죽어라고 써야 잘 쓸 수가 있는데, 밥을 먹고 산다면서 본업인 시는 적당히 하고 다른 일, 즉 농업도 하고 어부생활도 하면서 가끔 노동도 하려 다닌다면 쌀을 꾸러 가기에 알은 행동이다. 무엇이든 몰두해야 성공할 수 있다는 말이다. 멸치가 좋으면 멸치떨이만 해야지, 멸치도 좋고 고래도 좋다면 무엇을 잡을 것인가에 대하여 결정해야 한다. 말하자면 한 가지 직업을 위해 어려움을 떨쳐내고 한 방향으로만 가야한다는 말이다. 그리고 김재수 시인이 주문한 인생 방법의 한 가지가 '냄새'다. 매우 중요한 문제다. 사람이 사람냄새가 나지 않고, 멸치가 멸치 냄새가 나지 않는다면 그것은 사람답지 못하고 멸치답지 못한 행동이다. 잔치를 하라면 부침개를 지져 냄새를 풍겨야 하고, 젓갈을 담그려면 곰삭은 냄새가 나야 한다. 시인은 무릎을 꿇고 앉아 오랫동안 개미의 행렬이나 민들레 홀씨를 들여다보며 시인 냄새가 나야 하고, 아버지는 두텁고 은은한 정으로 아버지 냄새가 나야 한다. 김재수 시인은

이 시의 전개에 있어 멸치에 관한 모든 상상과 현실, 그리고 미각을 축약적으로 끌어들여 대변항의 사월 풍경을 실감 있게 표현해내고 있다. 그러면서 그는 "온몸으로 반짝이며 모든 걸 내어주는 멸치들에게 / 사람비린내 풍기며 살 수 있는 길을 묻는다"고 말한다. 사람이 살아가는 길목의 이정표는 길에만 있는 것이 아니다. 어둠에게도 길이 있으며, 폭풍에게도 길이 있고, 멸치에게도 길이 있음을 김재수 시인은 연륜으로서 잘 알고 있는 것이다.

   지난 봄 재래시장 가던 길목에서
   앳된 생명이 마음을 보채기에
   뜰 앞 정원에 들여놓고 성심껏 살폈더니
   여름내 푸른 꽃잎 붉은 망울을 피우며
   제법 그늘을 내어주는 시늉까지 하더니
   어느새 매끄러운 향기는 그윽이 물들어
   계절마저 달구어 놓는가 싶었는데
   돌아보면 엊그제 같은 세월이 쑥스러운 듯
   제법 성숙한 나목을 하고 있다
   겨울나기 준비에 부지런한 걸 보고
   시린 바람에 부치어 그렇겠거니 했는데
   가지 사이로 이는 풍설을 막으려는
   잎의 배려 깊은 심산이었다니
   찬 서리 혹한인들 거칠게 무엇이랴
   조신한 자태가 한결 싱그러워 보인다

   세월가면 그들도 터진 틈으로
   알알이 영그는 모습 얼마나 보여주겠지
   언젠가 거목되어 붉은 속 드러내며
   만면에 웃음꽃 흐드러지겠지

>   가만히 들여다보면 상상할수록
>   자연 속의 세계는 사랑으로 한이 없다
>   - 「석류에게 배우다」 전문

 나는 북부 지방에서 태어나고 자라서 석류는 우리나라 과일이 아닌 줄 알았다. 그런데 어렸을 때 이원수 아동문학가가 작시하고 정세문 작곡가가 작곡하신 「고향」이란 동요에서 석류가 우리나라에도 생산되는 것을 알았지만, 실제로는 쉰 살이 다 되어서 이란 산 석류가 다량으로 수입되고서야 맛을 보았던 것 같다. 동요 「고향」의 1절을 살펴보면 "고향 고향 내 고향 / 박꽃 피는 내 고향 / 담 밑에 석류 익는 아름다운 내 고향"이라 해서 전혀 바닷가라든지 남녘의 풍경이 그려지지 않는다. 그런데 2절을 살펴보면 "고향 고향 내 고향 / 푸른 바다 내 고향 / 석양에 노을 따라 / 물새 우는 내 고향"이라는 노랫말을 읊조리고 나면 그 고향이 아마도 기장 바닷가가 아닌가 하는 생각이 들기도 한다. 석류 하면 나는 김현주 시인의 「페르시안 석류」란 시가 떠오른다. 김현주 시인은 페르시안 석류를 두고 여자로 지칭하면서 "그녀는 새콤달콤해 이름만 들어도 군침이 도는 여자 배란기가 지나면서 몸이 뜨거워 눈만 마주쳐도 아이를 배는 여자 해거름에 다녀오랬더니 노을 속으로 밤새고 온 여자 도발적인 오션레드 립스틱이 지워진 여자 머리가 흐트러진 여자 허겁지겁 한쪽 스타킹을 잃어버린 여자 새벽안개 속으로 만삭되어 돌아온 여자 한 겹 옷을 벗기자 짙푸른 바다 출렁이는 양수 속에 꽃처

럼 몸을 활짝 열고 잉태된 저 붉은 씨알들 흥건히 쏟아
내는 다산의 여자"로 표현해내고 있다. 가히 무릎을 칠
시인의 상상력이다. 그렇게 도발적인 "오션레드 립스틱
이 지워진 여자", 석류가 김재수 시인에게는 큰 가르침
을 주는 스승님이다. 시인에 따라서 각자 보는 눈이 다
르기로서니 이렇게 다를 수가 있을까? 김재수 시인은
재래시장에서 사다 심은 석류가 잎이 나고, 꽃이 피며,
무성했다가 다시 옷을 벗는, 자라는 과정을 통해서 인
간의 생로병사를 배우고 있다.

    깃발을 치켜세우고
    귓전을 흔드는 바람을 탈출한다
    달빛 아래 공원을 할 일 없이 거닐며
    옛날을 쓸데없이 긁어 모아본다
    괜스레 주머니를 뒤척이다가 이내 접는다
    휴대폰을 만지작거리다가 포기한다
    통신이 닿기를 은근히 기다린다
    시간이 참 마디다

    Darling으로 등록된 벨이 울린다
    이때다 싶어 받기를 포기한다
    잠시 뒤 문자통신이 떴다
    "빨리 들어오셔 할 말 있다"
    으흠, 하고 피식 웃어본다
    두 번째 문자가 날아왔다
    평소 고혈압을 적절히 원용한 협박성 문자다
    건강관리에 아주 무관심하지는 않는구나
    내심 다행이라는 생각에 은근히 고맙기까지 하다

깊어만 가는 밤 자락만큼이나 지친 마음이
다시 오지 않을 법한 벨소리에 귀 기울이게 한다
언제라도 불러서 좋을 말벗 하나 있다면 참 좋을 것 같다
귀가할 핑계를 궁리하다가 어느새 발길은 집 앞이다
현관 앞에 밝혀놓은 불빛이 먼저 말하고 있다
서로는 태연한척 속으로 하는 말이
우리가 살아온 세월이 얼마인데
조용히 깃발을 내린다
─ 「늙은 부부의 방정식」 전문

  젊은 부부들은 자주 싸운다. 그렇지만 어느 정도 나이가 들어 연륜이 쌓인 부부들은 부부싸움을 하지 않는다. 한 사람이 화가 나면 한 사람이 슬쩍 피해주면 되기 때문이다. 그러면 젊은 부부들은 어디를 가느냐며 따라가며 싸운다. 그렇지만 나이든 부부들은 그렇게까지 할 이유가 없음을 알고 있다. 그러니 슬쩍 공원에 나와 한 바퀴 바람을 쏘이고 들어가면 한쪽은 화가 누그러져있게 마련이다. 그게 늙은 부부가 사는 방정식이다. 보통 남자들이 잘못을 저지른다. 술을 너무 많이 마시거나, 다방 아가씨를 좋아하거나, 며칠씩 카드나 화투 등 노름에 빠지나, 쓸 데 없는 물건을 사들여 아내들의 심기를 흐린다. 그러면 남자들은 미안한 마음에 더욱 겉으로 돌게 된다. 그런 심정을 김재수 시인은 효과적으로 표현해내고 있다. 방정식이란 숫자 옆에 x나 y가 붙어 있다. 가장 쉬운 방정식을 풀어보자. 2x + 3y = 2x3y다. 김재수 시인이 늙은 부부가 사는 법을 「늙은 부부의 방정식」이라 붙인 이유는 무엇일까? 두 사람 즉 2에게는

늘 x와 같은 이유가 붙는다. x란 좋은 것만도 나쁜 것만도 아니다. X-mas(크리스마스), X-ray(방사선 검사) 등과 같이 x가 좋은 뜻으로도 쓰이지만, 아이쿠 저 x새끼와 같이 부정적으로도 쓰인다. 말하자면 방정식에 붙는 x나 y는 우리 삶에 붙는 이유 같은 것이다. 삶에 이유가 좋은 것만 있을 수는 없다. 옛말에 "양약고구이어병 충언역이이어행良藥苦口利於病 忠言逆耳利於行"이라 했으니 좋은 약은 입에 쓰지만 병에 이롭고 충고의 말은 듣기 싫지만 행동에 이롭다고 했다. 이제 어느 정도 인생을 살아와 지혜의 나이가 든 우리는 삶에 도움이 된다고 금방 달게 삼키지 않고, 쓰다고 금방 뱉어내지 않는다. 늙은 부부가 꼭 함께 살아가야 할 이유는 없다. 그냥 사는 것이다. 정이 많아서도 아니고, 육체적으로 함께 해서도 아니다. 그냥 하늘이 맺어준 인연이니까 죽을 때까지 소 닭 보듯, 구름 낀 날이나 맑은 날이나 그냥 사는 것이다. 그게 늙은 부부가 사는 방정식인 것이다.

   임플란트 시술 중 문득
   우리말 글의 원리가 떠오른다

   천지天地에서 발원하여
   인ㅅ으로 세상을 얻으니
   자연의 원리 따라
   안으로 합수하는 아홉 강
   둑에는 하얀 수목들
   뿌리마다 솟는 감각의 샘
   창조와 변화로 흘러들어
   소통의 길을 내고 장부를 다스리니

책무가 무겁기만 하다

발현되는 근원 따라
아설순치후牙舌脣齒喉 본을 떠서
닮은꼴이 세심하니
점 하나 획 하나에도
자욱이 떨려오는 울림
자모의 장엄한 화음
어쩌다 실없는 발설에는
화복을 부르기도 하지만
천지인天地人 더불어 품은 제자制字
무궁한 변화의 원리다

- 「치과에서 문득」 전문

　농사짓고 물고기 잡는 분들을 폄하하는 말은 아니지만, 농사나 짓고 물고기나 잡을 듯한 시골 양반이 어찌 이런 시를 쓰셨을까? 가히 무릎을 칠만한 시다. 국어국문학을 전공한 사람도 모르는 글을 쓰시니 혀가 내둘러진다. 더구나 세종대왕이나 한글이 나오는 책이나 드라마, 영화를 보다 생각난 것도 아니고, 치과에서 임플란트를 하러 갔다가 문득 생각난 시라고 하니 혀가 내둘러진다. 한글있어 자음은 기본적으로 구강구조의 본을 떠 아설순치후牙舌脣齒喉의 음을 만들었고, 모음의 원리는 천天 즉 하늘의 둥근 모양을 본 따 만든 'ㆍ', 지地 즉 땅의 모양을 본 따 만든 'ㅡ', 그리고 인人, 즉 사람의 모양을 본 따 만든 'ㅣ'으로 만들어져 있다. 자음 중에 아음牙音은 어금니 소리로 'ㄱ, ㅋ, ㄲ, ㅇ'이고, 설음은 혓소리로 'ㄴ, ㄷ, ㅌ, ㄸ'이고, 순음脣音은 입시울소리로 'ㅂ, ㅍ, ㅃ, ㅁ'이며, 치음齒音은 잇소리로 'ㄴ, ㄷ, ㅌ, ㄸ' 후음喉音은 'ㅎ'을 말한다. 그런데 김재수 시인이 치과병원에서 임플란트를 하다가 이러한 한글의 제자원리를 생각하셨다니, 말로 천 냥 빚을 갚고 말로 세상을 얻을 수 있다는 말에 공감한다.

    초대된 가족으로 공모전 갔다 오던 길
    플랫폼을 지나서 육교 위를 걷다가
    좀 전에 수상受賞한 트로피를 떨어뜨렸다
    크리스털 재질은 조각으로 흩어지고
    당황할 겨를도 잊은 채 파편들을 수습하여
    그 살 그 피로 복원에 애를 끓여본다
    드러나는 상처는 따뜻한 위안으로도
    극복의 힘이 되고 아물기 쉬우나
    혈류타고 아려오는 눈물의 속성이란
    가늠조차 닿지 못할 사랑이 아니라면
    혹한의 대가는 가슴에다 지우고
    대강의 봉합에 다름 아닐 것이니
    내부의 형질이 타고 남겨진 재로 다시
    소망의 불씨가 되어 또 하나
    베푸는 치유의 생명이 되어준다면

    깨뜨려져서 아픈 비밀이 아니라
    아파도 아프지 않는 가슴이기에
    광야에는 새벽빛이 출렁이고
    포용의 진실이 아프지 않으니까
    순수 속의 사랑은 수줍어 붉은데
    깊어진 주름에 행복이 묻어난다
                                 - 「깨진 트로피」 전문

김재수 시인이 무슨 재주로 무슨 공모전에 나가서 상을 타고 트로피를 받았는지는 잘 모르겠다. 아무튼 이 시에서 보이는 것처럼 금방 받은 트로피를 기차역에서 내려 육교를 지나오다가 그만 떨어뜨려서 깨뜨렸다. 참으로 난감한 일이다. 상을 자주 받을 수도 없고 다시 받을 수도 없는 삶에 트로피는 분명 김재수 시인의 삶에 활력소였을 것이다. 크리스털 재질의 깨진 트로피 조각을 주워 복원하려고 꿰맞추는 심정을 알 것 같다. 오죽했으면 눈물이 흘렀을까. 그런데 인생을 사는데 있어 깨지는 것이 비단 트로피뿐인가. 어떤 이는 결혼 중에 부부 금슬을 깨뜨린 사람도 있고, 어떤 사람은 아이를 떨어뜨리고 평생 가슴앓이를 하는 사람도 있다. 어떤 이는 IMF시절 사업을 깨뜨려 노숙자 신세가 되어야 했고, 어떤 이는 건강을 깨뜨려 병원신세를 지거나 목숨을 잃는 경우도 있다. 공모전에서 모처럼 받은 트로피를 깨뜨리게 되면, 보통의 사람이라면 다시 만들어달라거나 술집으로 가 술을 퍼마실 형국일 텐데, 김재수 시인은 스스로를 되돌아보면서 전화위복, 재기의 기회로 삼는다. 환갑이 넘는 나이에도 공모전에 나가는 김재수 시인, 공모전의 분야가 무엇인지는 잘 모른다, 그렇지만 이순의 나이에도 시를 쓰고, 자신을 위해 끊임없이 새로움을 개척하고, 겸손함을 실천해가는 그의 삶은 분명 트로피를 받아도 될 만한 삶이라 하겠다.

　　　인생은 온통 물음표다
　　　어디에서 왔으며 어디로 드는 걸까

아무것도 존재하지 않는 세상은 있을까
한 치 코앞을 알 수 없는 세상사
살다보면 물음표가 아닌 것이 없다

출발부터 사는 날까지가 요지경인데
궁리하지 않는 삶이 어디에 있을까
스스로에게 물음표를 던져보아도
어느 것 하나 물음표 아닌 것이 없으니
죽어서도 물음표 하나쯤은 달고 간다

기다리는 물음표에 답이 있다면
진실은 하나, 마음을 내려놓는 것
시는 사유가 분방한 특권이 있기에
부호나 맞춤법 따위는 장애가 아니다
꿈이나 허구도 뛰어넘는 상상이다

누구나 한 번쯤은 던져본다지
입은 있으나 말은 생각이 하고
오직 시詩만이 무구한 답을 내린다
만일 세상에 시가 없었더라면
영원히 묻혀야 할 증표들이다

— 「물음표에 답하다」 전문

  우선 "세상은 온통 물음표다"라는 말에 공감한다. 예술원 회원을 지내시다 몇 년 전에 작고하신 성찬경 시인은 주머니에 수나사 하나를 40여 년 동안 가지고 다니셨다고 한다. 그래서 그 나사의 나사산이 손때에 하얗게 닳았다고 한다. 성찬경 시인은 주머니에 나사 하나를 40여 년 동안 가지고 다니면서 늘 생각하셨다.

"나는 나사 빠진 사람인가? 나사 풀린 사람인가? 나의 나사는 잘 조여져 있는가? 필요 없는 나사는 아닌가? 크기가 적합한 나사인가? 너무 작거나 너무 큰 나사라서 못 쓰는 나사는 아닌가? 녹이 슬어서 풀리지 않는 나사는 아닌가?" 나사 하나에도 이같이 많은 물음표가 들어있다는 것에 나는 적지 않게 놀랐다. 그런데 김재수 시인의 시에도 적이 놀람을 감출 수가 없다. 그의 말처럼 인생은 "어디에서 왔으며 어디로 드는"지 알 수가 없다. 그의 말처럼 "한 치 코앞을 알 수 없는 세상사"다. "살다보면 물음표가 아닌 것이 없"다. 그래서 그는 "스스로에게 물음표를 던져보아도 / 어느 것 하나 물음표 아닌 것이 없"어서 "죽어서도 물음표 하나쯤은 달고" 갈 것이라 말한다. 그러면서 그는 "기다리는 물음표에 답이 있다면" 그 답은 "진실은 하나, 마음을 내려놓는 것"이라 말한다. 말하자면 물음표의 답은 "마음을 내려놓는 것"이 세상 모든 물음표에 대한 답이라는 말이다. 그래서 김재수 시인은 마음을 내려놓기 위해 "은 있으나 말은 생각이 하고 / 오직 시詩만이 무구한 답을 내린다"고 하면서 시를 쓰는 의미를 부여한다. 시는 결국 모든 물음에 대한 답이 되는 셈이다. 어떤 아이가 '할아버지 왜 늙었어요?'라고 물어서 웃은 적이 있다. 나는 왜 늙었을까? 아니다. 나는 성장하고 있는 것이다. 인간은 보통 20살까지 성장한다. 그리고 나면 내적인 성장을 계속하게 된다. 외적 성장은 성을 쌓을 힘을 길러주지만 외적 성장은 적을 싸우지 않고 무찌를 힘을 길러준다. 김재수 시인은 이 세상 수많은 질문의 답은 결국 욕심을 내려놓고 상대방에 맞추는 것임을 말하고 있다. 나무는 새와 바람과 인간을 위해 존재한다. 스스로가 가지는 것은 아무것도 없다. 그럼에도 나무는 무한히 성장한다. 김재수 시인 같은 시나무 그늘에는 많은 사람들이 들어와 쉬게 되는 것이다.

> 벼랑바위에 절절이 새긴 사랑
> 마디마디 함초롬한 전설의 향기여
> 여린 듯이 강한 듯이 청초한 위엄
> 수줍은 듯 다소곳이 에인 꿈이여
> 소담한 향기를 피우기 위하여
> 그리도 아홉 마디 장엄한 기개여
> 순박하고 진한 그리움이 깊은 계절에
> 처연히 결실을 기다리는 들풀이여
> 준엄한 운명도 시련의 고뇌도
> 위대한 행복인양 애써 움치는
> 화려함이 버거운 이름이여
> 뿌리에서 향기까지
> 소슬바람에도 한들거리는 당신은
> 고결한 숨결로 피어나서
> 박애를 간직한 길이기에
> 아픔도 슬픔도 준수한 자태
> 열절의행烈節懿行 삶의 무게 홀연히 내리시니
> 가슴 속 담대한 빛의 진리는
> 천지를 감돌아 곱게도 누운 듯이
> 정녕 가을들녘의 순수한 사랑으로 아픈
> 그리움이 여울져 흐릅니다
> ― 「구절초 어머니」 전문

인간에게 어머니란 존재는 결코 잊을 수도 잊어서도

안 되는 존재다. 특히 남자에게 있어 어머니란 느티나무가 서 있는 고향과 같은 존재다. 구절초는 들에 흐드러지게 피는 꽃이다. 지금이야 야생화가 대접을 받는 시절이 되었지만, 옛날에 구절초는 그저 들풀이 지나지 않았고, 여린 순은 나물로 먹고, 풀이 마르면 땔감에 지나지 않는 그런 존재였다. 그럼에도 구절초 같은 들꽃이 흐드러지게 핀 가을 들판을 지나노라면 어느새 그동안의 힘들고 어려웠던 일들은 일순간에 사라지고 코를 대고 냄새를 맡거나 쪼그리고 앉아 셀카를 찍게 한다. 나는 포천출신인데 구절초 중 유명한 것은 포천구절초다. 학명이 포천구절초로 다른 지방의 구절초꽃이 분홍색이나 보라색, 흰색이 섞여 피는 것에 비하여 포천구절초는 다른 색이 섞이지 않은 그야말로 순백의 하얗고 상대적으로 큰 꽃으로 핀다. 아무튼 구절초는 우리 삼천리강산 전국토에 고루 피어나는 꽃이다. 구절초는 약용으로도 널리 쓰인다. '구절초고'라 해서 구절초를 잔뜩 베어다 가마솥에 넣고 길금을 넣어 몇 시간 불을 넣어서 고으게 되면 '구절초고'라는 엑기스 상태의 약을 얻을 수가 있는데, 작은 스푼으로 한 스푼 떠서 차처럼 뜨거운 물에 풀어 마시면 장을 튼튼히 할 수도 있고 원기를 회복할 수도 있다고 한다. 해안가에 핀 키가 작은 바위구절초를 보노라면 앙증맞아 예쁘기도 하고, 거센 비바람을 이겨내고 피어나는 꽃이 존경스럽기도 하다. 구절초는 어머니가 지니고 있는 상징을 충분하게 안고 있어서 어머니의 이미지를 해치지 않으니 김재수 시인이 그런 구절초의 이미지를 어머니에 비유한 것은 매우 효과적이고 적절한 비유라 할 수 있겠다.

이상에서처럼 김재수 시인의 시 몇 수를 읽어보면서 그의 시세계를 여행해 보았다. 그는 시적 소재를 가리지 않는다. 일반적으로 시골에 살고 있는 시인들이 자연적 현상에 대하여 치중하고, 부모에 대한 지극한 효도심을 자랑처럼 늘어놓고 있는데 반하여, 김재수 시인의 시는 삶에 관한 시들이 많이 쓰여지고 있음을 우리는 발견할 수 있다. 그것은 김재수 시의 초점이 음풍농월에서 생활시로 크게 이동해 있음을 발견하게 되는데, 그것이 현대 중앙시단의 기류임을 김재수 시인은 깨닫고 있는 것이다. 그것은 그가 얼마만큼 다른 사람들이 써낸 좋은 시집을 읽고 있느냐를 가늠자가 된다.

이에 나는 그의 시를 '은자隱者의 눈에 비친 작은 것들의 위대함'이라 평하고 싶다. 그의 시는 하나같이 누구를 원망치 않으며 누구를 시기하지 않는다. 그의 시는 매사에 감사하며 작은 풀꽃 하나 돌멩이 하나를 없이 여기거나 우습게보지 않고 모두 개체로서의 필연성을 존중하고 그렇게 작아질 수밖에 없었던 내적 환경을 잘 관찰한다. 그래서 그는 깨지고 망가진 것들조차 또 다른 의미를 부여해 자기 수양의 방법으로 삼으며, 모든 존재의 이유를 스승으로 여긴다. 은둔자 같은 삶을 살면서도, 기장군의 시골 하늘을 이고 살면서도 선지자先知者들의 기개를 닮아가고 있는 김재수 시인의 첫 시집을 진심으로 축하드린다.

국립중앙도서관 출판예정도서목록(CIP)

이 도서의 국립중앙도서관 출판예정도서목록(CIP)은 서지정보유통지원시스템 홈페이지(http://seoji.nl.go.kr)와 국가자료종합목록시스템(http://www.nl.go.kr/kolisnet)에서 이용하실 수 있습니다. (CIP제어번호 : CIP2019045240)

김재수 시집

멸치에게 길을 묻다

초판인쇄일 2019년 11월 27일
초판발행일 2019년 12월 02일

지은이 : 김재수
발행인 : 김순진
편집장 : 전하라
디자인 : 김초롱
펴낸곳 : 문학공원
등 록 : 2004년 3월 9일 제6-706호
주 소 : 우편번호 03382 서울 은평구 통일로 633
        녹번오피스텔 501호 스토리문학사
전 화 : 02-2234-1666
팩 스 : 02-2236-1666
홈페이지 : http://cafe.daum.net/yo551
이메일 : 4615562@hanmail.net

※ 책값은 뒤표지에 있습니다.
※ 저자와의 협의에 의해, 인지는 생략합니다.